W0203680

PREMIÈRE ÉDITION

ISBN 978-2-8225-0380-8

Résilience

Roman

Florence Foucart

ÉDITIONS KIROGRAPHAIRES

À ma fille, Julie, toujours fidèle première lectrice.
À mon mari, Dominique, si présent et confiant.
À mes correctrices, Michèle et Nathalie,
amies précieuses et sincères.
À tous ceux qui m'entourent et m'encouragent.

PROLOGUE

À l'heure qu'il est, Roseline lit la carte postale de Clément. « Ma petite maman, gros bisous de la vallée des Rois. Tout va bien. Je t'appelle dimanche prochain. Caresses à Néfi. »
Roseline n'a pas entendu le son de la voix de son fils depuis une quinzaine de jours. Cette promesse lui réchauffe le cœur.
Roseline sourit aux anges et caresse Néfi.
À l'heure qu'il est, Clément fouille les antres de la terre égyptienne à la recherche de la momie qui fera de lui un célèbre archéologue. Il est heureux, jeune et peut-être amoureux.
Clément sourit sans peur et décroche le soleil.
À l'heure qu'il est, Maele monte les escaliers. Elle camoufle ses seize ans dans des pulls trop grands, ne cache pas ses fossettes et digère ses complexes. Ce week-end, elle a rendez-vous avec Martin.
Maele sourit au ciel et embrasse sa mère.
Ensemble, elles relisent la carte. Clément est parti depuis deux mois. Il leur manque. Elles rient. Et leurs rires rebondissent. Celui de Roseline redouble pour le seul plaisir de voir les yeux de sa fille briller.

À l'heure qu'il est, elles ne savent pas que dimanche n'aura pas le temps d'arriver. Jeudi arrêtera les horloges. Elles resteront bloquées sur l'appel du consulat.
Comme son père, Clément est parti sans retour possible.
À l'heure qu'il est, la carte postale est réduite en puzzle. Maele en a récupéré tous les morceaux avant qu'ils ne finissent au vide-ordures.
À l'heure qu'il est, Roseline ne se pardonne pas. Elle n'a rien vu venir, rien senti. Pas un souffle de vent froid sur sa joue, aucun courant d'air gênant. Pas de papillon venu se poser sur le rebord de la fenêtre ouverte. Aucune ombre n'a éclipsé le timide soleil de février.
À l'heure qu'il est, Maele referme son journal intime. Elle ne l'ouvrira plus jamais.
Elles ont posé leurs rêves et en oublient l'endroit.

1re PARTIE

Il faut se rendre à l'évidence, Roseline est perdue. Depuis une bonne heure, elle déambule dans ce labyrinthe, divague entre sépultures, caveaux et autres mausolées, hante le cimetière du Montparnasse d'une démarche indécise et tourne en rond. Sa pérégrination croise celle du jardinier qui répand un désherbant sur le sable caillouteux bordant les allées. À chacune de leurs rencontres, il propose ses services qu'elle refuse poliment. Par deux fois, elle se cogne à Gainsbourg. Scellé dans sa dalle funéraire, clope au bec, son buste la toise au milieu de mégots, briquets, tickets de métro et choux verts. Pas de havane. Pas même un cigarillo. « Les fans ont une imagination étonnante » : constatation soupirée sans écho d'outre-tombe. La vieille canaille reste muette. À quoi bon, de toute façon, Roseline s'en fiche. Une seule chose l'intéresse, retrouver l'endroit.

Cinq ans qu'elle n'a pas remis les pieds ici. Depuis ce jour maudit où la terre a englouti Clément. Trop difficile. Voire impossible de retrouver le chemin.

Une énième fois, elle consulte le plan du cimetière. Division 6,

le long de l'allée Lenoir. Sur le papier, cela paraît facile, et pourtant. Et pourtant, une heure après, elle erre encore.
Et toujours ce jardinier. D'un geste de la main, Roseline refuse à nouveau son aide. Il insiste. Elle continue sa route sans se retourner.
Quelques minutes de plus. Roseline implore, mendie ce temps. Un court laps de temps.
C'est à elle, à elle seule, de retrouver la tombe évanouie.
Difficile d'admettre son incapacité à rejoindre son fils.

Son pied se dérobe. Elle flotte, incertaine. Un de ses talons pointus, coincé dans les interstices des pavés, a tordu sa cheville. Boitillant, Roseline s'assied sur un banc.
L'air embaume le renouveau. La nature est très en avance cette année. Il fait outrageusement doux en cette fin février.
Mal assise, effacée du monde à l'ombre d'un cèdre, Roseline s'égare dans les souvenirs. Elle pense. Parce que Roseline pense beaucoup depuis qu'elle en a retrouvé la capacité. Ces dernières années, anesthésiée par les médicaments, elle avait perdu le contrôle. Bercée entre Prozac et Lexomil, ses facultés atrophiées, son raisonnement amoindri, elle s'illusionnait dans un état de conscience artificielle.
Un rayon de soleil lui réchauffe le cou.
Il y a cinq ans, il faisait froid. Un froid d'hiver à vous glacer le sang. Un froid qui ne l'a jamais plus quittée.
Un petit courant d'air la sort de ses pensées. Roseline quitte son banc. Avec un peu de chance, le jardinier sera toujours là.
« Allée Lenoir – Division 6 – Section 1 – 4e ligne nord – Numéro sépulture 6 150 – C'est bien là. Juste face à César. »

César ? Roseline suit la direction pointée par le doigt terreux.
« Quelle monstruosité », pense-t-elle.
De l'autre côté du chemin, sur la gauche, se dresse fièrement un horrible centaure de bronze couillu comme un taureau, à l'arrière-train planté d'instruments agressifs et surplombé de la tête du sculpteur. Roseline avait totalement effacé de sa mémoire cette abomination.

Le jardinier s'est éclipsé sans bruit. Elle reste seule. Tremblante et pétrifiée. Il faut oser se retourner, affronter la réalité du granit sombre et froid. Quelques secondes encore. Juste quelques secondes avant que le chagrin ne déborde à nouveau. Un chagrin douloureux et chronique. Un chagrin tapi au fond des tripes. Un volcan qu'on croyait endormi et qui, pourtant, explose encore. Son magma se répand, semant désolation, créant l'absence, le vide, où seul survit le scorpion. Celui qui hante ses nuits, qui plante son venin jour après jour dans sa chair. Celui qui, gratuitement, lui a ôté son fils, comme ça, sans prévenir. Celui qui l'a piqué à en mourir. Seul. Loin d'elle qui n'a rien senti. Elle qui l'avait laissé s'en aller. Elle qui était si heureuse de le voir si heureux de participer à ces fouilles stupides, dans un pays stupide, avec des gens stupides. Des gens qui n'avaient pas su sauver son bébé de vingt-deux ans, la privant à jamais de leurs rires complices, de leurs brunchs dominicaux, des petits-enfants que jamais il ne lui donnera.
Quand elle regarde devant et qu'elle voit toutes ces années sans plus jamais Clément, Roseline suffoque sous le poids de cette vérité trop lourde. Elle croyait avoir épuisé toute l'eau

contenue dans ses yeux, pourtant le sel de ses larmes brûle ses joues. Sortir la tête, trouver le calme, vaincre ses angoisses et se retourner. Clément l'attend depuis si longtemps. Elle ne peut pas reculer.

Roseline savait que Maele rendait régulièrement visite à son grand frère. Elle avait pris en charge l'entretien des lieux. Égarée dans sa douleur, Roseline lui faisait confiance. Ou plutôt, elle avait démissionné. De tout. De son travail, de ses amis, de son rôle de maman. Dans l'océan qui les avait submergées, Maele et sa mère s'étaient perdues. La jeune fille vivait son adolescence quand la nouvelle de la disparition de Clément les avait chavirées. Le choc, le rapatriement du corps, l'enterrement, l'hospitalisation de Roseline. La sortie de l'hôpital. La maison de repos. L'enchaînement infernal qui avait conduit Roseline de séjour en séjour, de cure en cure. Loin. Toujours plus loin. Et, il y a environ deux ans, l'arrivée d'Aurélien dans leur vie. Sa seule présence avait aidé à désamorcer la bombe à retardement que les deux femmes se partagent encore. Péniblement, un début de dialogue, construit sur la pudeur et l'inconnu, se fraye un chemin de l'une à l'autre.
La petite Maele s'est transformée en femme sans rien perdre de son charme. Elle cache ses blessures derrière un sourire radieux et une énergie débordante. Roseline ne le dit pas, pourtant, elle voudrait exprimer sa fierté. Mais, à ce stade de leur relation, Roseline se sent plus à l'aise avec son psy, et Maele, avec la principale de l'internat qui l'a accueillie après le drame. C'est comme ça, un effroyable gâchis.
Peut-être qu'après ces retrouvailles avec Clément… Peut-être que…

Ou peut-être pas…

Roseline se souvenait d'une pierre de granit gris bleuté, sobre, juste gravée de l'inscription classique, ajoutée à celle de ses parents et de son mari. D'une croix de bronze toute simple. De rosiers, de bruyère et, au printemps, de tulipes multicolores. D'un pot verni, appuyé à la tombe, destiné aux fleurs coupées. Mais elle ne souvenait pas de ce qu'elle découvre, là, devant ses yeux.
De pâle, elle devient transparente. Ses jambes oublient de la porter. Elle vacille et s'accroche à la stèle voisine.
Quelle est cette plaque de marbre noir marquée d'un cartouche égyptien ? Dans sa forme ovale, trois dessins : une fleur de lotus, un scarabée et la clef de vie, symbole d'éternité, clef du royaume des morts. Trois symboles pharaoniques sacrés. Trois porte-bonheur. Les mêmes qui sont incrustés sur le pendentif qui ne la quitte jamais. Lors de son départ, à la porte de la salle d'embarquement, Clément l'avait accroché à son cou.
« Pour toi, ma petite maman, puisque je ne serai pas là pour ton anniversaire. »
Il lui avait expliqué la signification de ces signes avant de la serrer contre lui. Une toute dernière fois. La dernière fois qu'elle avait vu son fils vivant. La dernière fois que ses lèvres fraîches avaient embrassé la joue de sa mère. La dernière fois qu'elle avait fait semblant d'être heureuse de le voir si rayonnant. Tellement beau dans sa joie.
« Pourquoi, Maele ? Ce pays a détruit notre famille, notre vie, nous a volé Clément. Pourquoi cette plaque comme un hommage ? »

Il y a aussi, baignant dans l'eau du pot verni, des tiges de papyrus en boutons. L'eau paraît fraîche, les boutons, au bord de l'explosion. C'en est trop. Roseline saisit les branches, les jette à terre et les piétine. Les écrase pour les réduire en poudre, les faire disparaître dans le sol en emportant son chagrin. Quelques branchages, les plus faibles, cassent en petits morceaux et se confondent avec la mousse des coins sombres. Mais le papyrus est coriace, pas facile à détruire. Il plie, se froisse, résiste. Roseline perd son combat. Ses yeux noirs brûlent. Ses lèvres mordillées invectivent sa fille de mots insultants qu'elle ignorait connaître. Elle, d'habitude si calme, si posée, crache et vomit sa détresse. Mouillée de rage, elle ramasse les tiges déglinguées, traverse l'allée et, d'un geste sûr, les plante dans le fondement de l'horrible centaure.
– C'est mieux comme ça, dit-elle en flattant la croupe froide.
Cette audace a l'heureux pouvoir de la calmer, de faire naître l'ombre d'un sourire et peut-être même une pointe d'apaisement.
Consciente de son geste pour le moins irrévérencieux, Roseline préfère s'éloigner. De toute façon, on lui doit des explications. Première étape, l'accueil du cimetière. Elle n'a aucun mal à trouver, la sortie est bien fléchée.

Derrière le comptoir, perdu dans ses pensées, un employé s'ennuie. Roseline craint de déranger, alors, bien élevée, elle attend qu'il remarque sa présence.
– Que puis-je pour vous, madame ?
– Je reviens de la tombe de mon fils et j'ai constaté que quelqu'un avait fait des modifications sans ma permission.

Serait-il possible de savoir quelle est cette personne ?
– Bien sûr. Tout travail doit être signifié à notre bureau pour autorisation. Donnez-moi les coordonnées de la sépulture.
Références en main, le jeune homme consulte l'ordinateur.
– Je ne vois rien, madame. Les derniers travaux remontent à cinq ans… Une gravure suite à un décès.
– C'est impossible. J'en reviens. Il y a une plaque que je n'ai jamais demandée.
– Peut-être, mais nous, on n'a aucune trace. Elle est comment, cette plaque ? Grande ? Petite ? Verticale ?
– Petite, interrompt Roseline. Bien trop grande ! Quelle importance, j'en veux pas, de cette plaque.
– Elle est scellée dans la pierre ?
– Euh, non… Je ne crois pas.
– Alors vous n'avez qu'à l'enlever et le problème sera réglé.
– Si vous le dites.
– Désolé, mais je ne peux rien faire de plus pour vous.
– Et c'est tout ? N'importe qui peut mettre n'importe quoi sur une tombe et c'est tout !
– Ben… normalement, non. Mais là, oui.
– Oui, mais moi, je n'en veux pas, de cette plaque !
– Mais elle n'est pas scellée. Alors faites ce que vous voulez. Pas besoin d'autorisation.
Et voilà. Rien de plus. Elle ne saura rien de plus.
Roseline capitule, tourne le dos, part et s'engage sur le boulevard Edgar-Quinet quand l'homme la rappelle.
– Madame !… Maaadame !
– Oui.
– Si ça vous intéresse, je me souviens d'une jeune femme qui est venue il y a un bon mois.

– Oui ? Et ?…
– Et elle a demandé après vot'tombe. Elle savait pas où c'était. Elle connaissait juste le nom, Clément Robin, et la date du décès.
Voilà l'information qu'elle attendait.
– Elle était comment, cette femme ?
– Belle. Très belle.
– Mais encore ?
– Brune. Non. Noirs, de longs cheveux noirs. Des yeux, des cils qui n'en finissaient pas.
– Elle vous a dit son nom ?
– Je lui ai pas demandé.
– C'est pas malin.
– Si on devait le demander à tout le monde, la journée suffirait pas.
– Donc, à part qu'elle était belle, vous ne savez rien ?
L'employé prend un temps de réflexion.
– Non.
Roseline sort une photo de son sac, qu'elle brandit sous son nez.
– C'est elle ?
– Non, affirme-t-il. J'en suis sûr. L'autre était plus typée. Et les cheveux raides.
Ce n'était donc pas Maele.
Déçue, Roseline le remercie et reprend son chemin. Elle presse le pas. Dès son retour à son appartement, elle téléphonera à sa fille. À l'évidence, elle saura lui dire qui a déposé cette plaque.
Toute la question est là.
Qui peut être cette jeune femme pour avoir osé un acte aussi intime ?

*

Montparnasse, les piétons se glissent entre les voitures. Les voitures se faufilent entre les voitures, évitent vélos et scooters qui ondulent dans ce chahut. Les feux tricolores paniquent. Les passages piétons saturent. Traverser la place relève du défi.

Rue de Rennes, la foule du samedi se mélange, se heurte, divague en vague. Roseline se fraye un chemin dans cet anonymat oppressant. Au niveau de la poste, virage à gauche, elle se jette dans la rue Littré.

Tout de suite, le calme. Le tumulte ne connaît pas cet endroit. C'est une petite rue bien tranquille aux quelques rares boutiques. Elle abrite de vieux immeubles d'habitation, l'école primaire du quartier, un hôtel et la boulangerie de son enfance. Celle-là même où la petite Rosy achetait ses « bonbecs », coco en poudre et rouleaux de réglisse à la perle de couleur calée au centre. Aujourd'hui, elle ne prend qu'une demi-baguette. Patrick ne vient pas.

Quelques pas, et elle rejoint son refuge au numéro 26, un deux-pièces que l'on dit charmant.

Entre deux séjours hospitaliers, contrainte et forcée par la pression médicale et familiale, Roseline avait admis qu'elle devait quitter son grand appartement de la rue Guynemer, trop rempli de Clément. Partout Clément. Clément qui fait ses premiers pas, dit ses premiers mots. Clément-Cousteau dans la baignoire. Spider-Clément qui s'élance du tabouret, s'envole sur le tapis et se fracasse sur le coin de la table basse. Il en gardera une vilaine cicatrice en Y sur la tempe.

Le premier gâteau fait par Clément : il avait dix ans. Le tableau de la cuisine avec ce « À ce soir. Bisous » impossible à effacer. Les pots de confiture d'orange, achetés dans un réflexe illusoire et morbide, qui moisissent dans le placard. L'eau de toilette de Clément qui traîne et qui laisse son parfum se répandre sans pudeur envers sa souffrance. Au fond du panier à linge sale, la chaussette oubliée. Sur la table, la carte postale arrivée, comme une piqûre de rappel, quinze jours après l'enterrement. Et la chambre intacte, pleine de ce qui faisait Clément. Les trophées de natation d'un poussin qui rêvait de jeux Olympiques. Les haltères qui désespéraient de muscler ses bras d'apparence si fragile. Sa collection de Tintin, et partout, partout, l'Égypte, dans ses cours d'archéologie, ses livres, ses photos, ses souvenirs de voyages. Au milieu de ce bazar, des portraits de Louise, la petite filleule adorée.

Les premiers temps, Roseline avait survécu dans cette pièce. Elle se couchait dans l'odeur de son enfant, posait sa tête lourde au cœur de l'oreiller qui avait connu ses rêves et mordait la couette pour étouffer ses hurlements.

Le deux-pièces n'est certes pas aussi spacieux que le vieil appartement familial. Il manque de placards et n'a pas la classe de l'ancien logement. Il n'a pas de balcon face au jardin du Luxembourg, pas de parquets en chêne. Mais Roseline y a découvert le confort de la moquette, l'avantage de l'ascenseur et celui de la clandestinité. Plus facile de vivre dans un endroit dénué d'émotions, libre de souvenirs. Ici, pour tout le monde, elle est la locataire du troisième, veuve et mère d'une jeune fille quelque peu excentrique, mais bien polie. De cette voisine, on apprécie la discrétion et l'éducation, même si l'on

regrette son manque de goût pour les bavardages. On a bien remarqué les yeux éteints et le sourire juste courtois. On a constaté les absences répétées et les visites du médecin. Aussi a-t-on toléré, puis approuvé, celles de plus en plus fréquentes de Patrick, le fils d'Aurélien. On en est sûr, la présence de ce quinquagénaire est bénéfique à Roseline. On a noté le regard plus lumineux et la démarche allégée. On en sourit de côté.
Ces deux-là s'étaient croisés sur le palier d'Aurélien.
Au seul contact de sa main, Roseline avait senti son désir. Son désir à lui. Un désir animal, cuisant de virilité. Il avait convoqué Priape et imploré Éros. Sa peau s'exprimait. Ses phéromones appelaient au sexe.
Roseline n'oubliera jamais :
Il ne me plaisait pas, mais j'ai fait la godiche. Aurélien n'a rien vu. J'ai tout fait pour. J'ai accepté l'invitation au café du coin et nous sommes partis sous le regard de son père.
Je marchais courbée par la douleur de vivre. À me traîner comme un chien, j'avais perdu mes appétits. Les médicaments sûrement. Antidépresseurs, somnifères et autres calmants ont des effets inhibiteurs. Aucune tentation depuis la mort de Clément. Quelques fringales avant : des aventures sans autre intérêt que celui de satisfaire un besoin. Un sursaut ancestral qui se manifestait dans ce réflexe salvateur.
Il devenait urgent de renouer avec l'autre moitié de l'espèce humaine, celle entre autre déterminée par la paire de chromosomes XY. Je devais me redresser. Avoir de nouveau faim. Remplir les vides. Oublier mes peurs. Accepter de me confronter au désir.
Et l'envie m'a dérangée tandis que je touillais mon café. La mousse blanche dansait sur fond noir. De petites bulles éclataient

à la surface et… un hoquet de rire. Depuis un quart d'heure, il ramait pour m'atteindre, et moi, je ne faisais aucun effort. Ce rire empêtré m'a rattrapée. J'ai relevé la tête. Patrick avait la bouche charnue, la lèvre lourde, presque obscène. Sexy comme sa voix. Mon bas-ventre a compris. Tout de suite. Très vite. Les ailes de mon nez palpitaient. Des gouttes perlaient à mon front, à mon ventre, à mes reins. La climatisation qui chassait l'air chaud de l'été ne refroidissait en rien mon impatience. En secret, je mangeais sa bouche.

Sur le chemin du retour, il a effleuré ma taille d'une main imprudente. Maladresse intentionnelle au creux de ma hanche. Électrisée, j'ai su qu'il ne me convenait pas, que je ne l'aimais pas, mais que j'allais succomber à la gourmandise. Sans remords.

Six mois après, Patrick a avoué son amour. Roseline n'a rien dit, rien promis, mais son appétit n'a pas faibli. Sa soif ne s'apaisait pas. Elle rajeunissait en même temps que son affection pour ce compagnon évoluait. Cet homme nourrissait sa séduction, cultivait ses besoins, faisait naître le manque. L'amant rêvé qui conviait sa féminité, excitait ses hormones d'un doigt savant. Chacun de leurs festins invitait Aphrodite à ressusciter entre leurs draps froissés et à sublimer leurs plaisirs.

Mais l'amour pur et chaste dans sa beauté, cet amour-là n'existait pas. Roseline n'y était pas opposée. Mais rien. À croire que cette source était épuisée. Leurs ébats riches de tendresse restaient pour elle un acte purement thérapeutique.

– Et c'était très bien comme ça, pense-t-elle en ouvrant sa porte, sa demi-baguette à la main.

*

Le seuil de son refuge franchi, Roseline s'écroule sur le canapé. Dans son intimité, elle s'autorise le relâchement. Elle fond dans le confort des coussins. La tension accumulée résiste encore un peu, puis cède dans un demi-sommeil et, pour finir, abandonne.

La sonnerie du téléphone se faufile, agressive. Roseline sursaute. Une heure est passée. Le retour à l'état d'éveil demande quelques secondes, le temps de rassembler les lieux et le moment. L'appareil affiche le nom du correspondant.

– Bonjour, Maele.

– Ah ! Enfin, tu es là. Ça fait trois fois que j'appelle.

– Ah bon.

– Je t'ai laissé des messages.

Roseline regarde le répondeur. La lumière rouge clignote, témoignant des récriminations filiales.

– Je n'avais pas vu.

– Comme d'habitude.

Voilà, Maele dans toute sa splendeur.

Maele interprète ce genre de faits comme un total manque d'intérêt de la part de sa mère. Roseline n'y voit qu'un raisonnement irrationnel de la part de sa fille. Maele les vit comme un abandon maternel. Les vieilles blessures, c'est comme les fantômes, ça a la vie dure, Roseline sait ça, alors elle ment.

– Pardonne-moi. Je rentre à peine.

– C'est bon.

Non, ce n'est pas bon. Roseline l'entend dans la voix de sa fille qui insiste.

– Alors, raconte. Ça s'est bien passé ?
Roseline pense.
Quelle question ! Comment peut-elle me poser cette question ? Je ne reviens pas du cinéma. Je ne suis pas allée me promener au Luxembourg. Je suis allée au cimetière voir mon fils.
Elle répond.
– Justement, j'allais t'appeler. Il y a comme… comme… comme un petit souci.
– Comment ça, un souci ? Tu ne te sens pas bien ?
– Non, ça va, merci. C'est que…
– Non, ça va pas. T'as ta voix des mauvais jours.
Roseline pense.
Comme s'il y avait des bons jours.
Elle dit.
– Maele, tu sais d'où je reviens ? Oui ou non ? Oui. Alors, j'ai le droit d'avoir ma voix des mauvais jours. Tu n'crois pas ?
– Je m'excuse.
– Tu peux.
– C'est quoi le souci, alors ? Les fleurs ? Y'a pas de fleurs ? C'est la dalle ? La dalle est cassée ?
– Arrête. Il n'y a rien de cassé, et pour les fleurs, il y en aurait plutôt en trop.
– Comment ça, en trop ?
– Et il y aurait d'autres choses en trop.
– Quoi ?
– Tu sais bien de quoi je parle.
– Non, je n'comprends rien. Explique.
– La plaque de marbre noir ? Scarabée ? Lotus ? Clef de vie ? Toujours rien ?!
– Non !

Le ton de Roseline escalade les octaves.
– Des tiges de papyrus ? *Toujours rien ?*
Celui de Maele aussi.
– *Non ! Non !*
L'accent de sincérité de la jeune fille atténue le débordement maternel qui s'apaise d'un coup.
– Vraiment ? Tu ne me caches rien ? Tu n'y es vraiment pour rien ?
– Mais pour rien de quoi ? C'est quoi, ce délire ?
Maele a l'air perdue.
– Ça fait longtemps que tu es allée voir ton frère ?
– Avant mes partiels. Début janvier.
Roseline marmonne.
– Le gardien du cimetière m'a parlé d'un mois. Ce qui fait fin janvier. Donc, Maele n'a rien vu. Donc…
Maele s'énerve.
– Allô ! Allô ! Maman !
– Viens, il faut qu'on parle.

*

Maele raccroche. Deux ridules déchirent la racine de son nez et plissent ses sourcils. Qu'est-ce qui arrive, encore ? Pourquoi sa mère est dans tous ses états ? Maele aurait voulu l'accompagner pour cette première visite au cimetière. Mais non, impossible de lui faire entendre raison : « Je dois le faire toute seule. C'est un travail personnel, et bla bla bla, et bla bla bla… » Il est beau, le résultat du travail.
Et merde ! Ma chère mère a encore pété les plombs. Je sais pas où on va. J'en ai marre. Mais marre… Je crois que je vais mettre ma veste en laine.

Maele descend les escaliers de son immeuble. Elle n'arrête plus le flot de ses pensées.
J'ai le droit à ce que la vie me foute la paix. Et madame mère aussi. Je vais partir. Ce parquet est beaucoup trop ciré, je vais me casser la gueule et je pense que ce sera normal, vu cette journée de merde. Le soleil est sympa pour un mois de février. C'est cool, le réchauffement de la planète, le froid, ça craint.
Maele dévale les escaliers du métro.
Les gens sont dégueus de cracher comme ça. Ça mérite la taule. Les chewing-gums collés partout, c'est pas mieux. Il faut que je pense à faire mes courses. Et une lessive.
Le quai grouille de gens.
Je pense que maman va me prendre la tête et que Paris ne s'arrête jamais. Comme le chagrin.
Le train arrive, bondé.
Je vais frapper le prochain qui me pousse. La France pue. Dans les pyramides aussi, ça doit puer. Avec toutes ces momies, tu parles ! On devrait installer des distributeurs de parfums ou d'huiles essentielles dans les lieux publics. Il fait chaud. Je n'aurais pas dû mettre ma veste de laine. Je pense que moi aussi, je pète un plomb, et que je pense bizarrement.
Les stations s'enchaînent aux tunnels sombres.
La pouffiasse sur talons aiguilles devrait arrêter de s'appuyer contre moi. Je pense qu'un coup de coude mal placé va la calmer. Oh ! Pardon, madame. Il est essentiel d'empêcher les sentiments de brouiller la lucidité. Je pense que je pense beaucoup aujourd'hui et que trop penser, c'est dangereux.
Saint-Sulpice. Un saxophone monte dans le wagon.
C'est insupportable. On devrait interdire certains trains à la musique débile, et aux portables aussi. La vie des autres est pas-

sionnante, mais je m'en fous. C'est moi, ce reflet qui me regarde ? J'ai l'air stupide. Et une sale tête. Maman va repartir en cure de repos, ça fait pas un pli. Je devrais changer de lunettes. Te voilà avec ton gobelet. Tiens, j'aime à croire que tu le mérites, mon euro.
Maele descend à Saint-Placide.
Je vais passer chez Aurélien avant de monter chez maman. Il m'écoutera. Il m'écoute toujours. J'apprendrais bien le saxo. J'aime le saxo. Et puis j'irais faire chier les gens dans le métro. Je pense que je vais arrêter de penser. Ouais… je pense que ce serait mieux.
Avant de suivre son conseil, Maele pense qu'un soda et une cigarette au café de la rue Littré lui feront le plus grand bien.
Assise à la terrasse, elle triture les boutonnières de sa veste. Le soleil la réchauffe d'un rayon prétentieux. On pourrait croire à l'arrivée du printemps, mais la frontière est mince avec l'hiver. Au moindre voile nuageux, le froid revient, agressif.

Maele hésite puis se décide. Elle descend du trottoir, traverse la rue, lève la tête. La façade de l'immeuble la domine de six étages de pierres ourlés de balcons en fer forgé. Quelques-uns masquent les fenêtres d'un rideau de verdure. Ce bâtiment a la particularité de cacher deux immeubles distincts et jumelés. Chacun sa porte sur rue, son numéro postal et son vestibule qui mène à une cour commune. Roseline habite dans celui de droite, Aurélien, au premier, dans celui de gauche.
Les fenêtres du salon de sa mère sont allumées. La jeune fille pousse la porte du porche, toujours aussi lourde depuis le Second Empire et se glisse dans l'interstice. Son pas résonne

dans le vestibule. Elle passe devant la loge vide. Les rideaux baissés ne protègent plus aucune intimité. La gardienne a pris sa retraite après trente années de service et le syndic peine à trouver une remplaçante. Accrochée à la poignée, une pancarte, écrite à la main, précise l'offre d'emploi et un numéro de téléphone. Un temps, Maele avait pensé postuler pour la place. Elle s'était renseignée. Pas de loyer, un salaire suffisant pour un boulot pas trop contraignant qui ne l'aurait pas empêchée de suivre ses cours à la fac. Vu le peu de candidatures, le gérant s'était montré très arrangeant et avait accepté d'assouplir les horaires de présence. En troisième année d'arts plastiques, les heures de cours ne sont pas nombreuses. C'est un cursus qui laisse pas mal de temps libre et un travail personnel important. Cet emploi, c'était le plan idéal pour une étudiante désireuse d'acquérir son autonomie. Un temps, Maele avait trouvé l'idée bonne.
Quand je pense que j'ai failli habiter là. C'est le diable en personne qui m'avait soufflé cette idée. Ou autre entité loufdingue. Je ne peux pas l'avoir eue toute seule. Jour après jour, maman. Maman dans les escaliers. Maman dans la cour. Maman dans la loge. Dîner chez maman. Bouh ! Un meurtre aurait été commis. C'est mieux comme ça. Et je pense que je recommence à dérailler. Eh ! Esprit, es-tu là ? Dégage, alors ! Je ne travaillerai jamais ici. De toute façon, la place est prise, maintenant.

Depuis peu, le bruit s'est répandu d'un escalier à l'autre, glissant sur les marches et les pavés de la cour, sautant de pipelette en pipelette : la nouvelle gardienne arrive bientôt. Ce n'est pas possible !... La semaine prochaine, paraît-il... Il est temps. On ne peut pas faire confiance aux intérimai-

res. Regardez l'état de la cour aujourd'hui ! Et le courrier, un bazar ! J'ai encore trouvé une lettre adressée à madame Dufour dans ma boîte… Une jeune femme, paraît-il. Célibataire… Ah bon ! C'est monsieur Sautet qui me l'a dit. Elle aurait aussi un enfant. Un enfant ? Oui, un petit… Et le papa ? Pas de papa. Pas de papa ? Pauvre petit. Pauvre fille, oui… Certes. Une étudiante, paraît-il… En quoi ? En… Ah oui, arts… ou histoire… euh… histoire de l'art, peut-être ? Enfin, une fille intelligente. Et étrangère… Ah… Étrangère… Étrangère ? D'où ? Savez-vous d'où elle vient ?
Non, personne n'a su répondre à la question. Le mystère alimentera les conversations jusqu'à son arrivée.

Maele tourne à gauche et monte au premier étage.

*

Le regard du vieil homme s'éclaire en voyant la jeune fille. Un franc sourire se dessine dans le collier de mousse blanche qui lui couvre la moitié du visage.
– C'est toi, ma jolie. Quelle belle surprise !
– Bonjour, Aurélien. En voilà une heure pour se raser.
– Patrick doit passer. Suis-moi. Je suis en retard.
Debout contre le chambranle de la porte de la salle de bains, Maele le regarde.
Le rasoir progresse dangereusement le long de la joue creuse. Son sillon dessine une peau grise parcheminée. La main experte, semée de taches brunes, contient ses tremblements. Aurélien sait qu'il risque la coupure au moindre mouvement désordonné. Il se concentre sur ces gestes mille fois répétés et

que l'âge rend difficiles à accomplir. Indocile, le rasoir dessine un zigzag qui arrache un cri d'inquiétude au vieil homme et un sursaut à la jeune fille qui se retient pour ne pas bondir et arracher l'instrument. La maladresse n'a aucune conséquence fâcheuse. C'est à cause de ces petites appréhensions qu'Aurélien a cessé de se raser quotidiennement.
– Voilà, j'ai fini. Viens donc m'embrasser, ma jolie.
Maele obéit avec plaisir. Entre elle et lui, c'est une douce histoire d'affection respectueuse. Depuis longtemps, l'octogénaire a dépassé l'âge de raison, celui de la déraison et celui du raisonnable. À Maele et à sa mère, il offre celui de l'expérience agrémenté d'une note d'excentricité que sa respectabilité autorise.
Le jour où Roseline avait croisé sa route, Aurélien se desséchait comme une pomme oubliée. Elle lui avait offert son aide, il avait attrapé cette chance inespérée. Il l'avait empoignée à pleines mains sans savoir que leur vie à tous deux s'en trouverait à ce point bouleversée.
Aurélien se souvient. Il se souvient de cette journée si particulière, d'il y a bientôt trois ans.

Comme tous les derniers samedis du mois, Patrick venait déjeuner. Ces jours-là, Aurélien se levait plus tôt. Il mettait le réveil. Entendre sa sonnerie le rajeunissait. Cinquante ans de labeur lui avaient appris à apprivoiser cette sommation matinale. Depuis la retraite, il n'avait plus guère d'occasion d'être pressé. Les visites de son fils le ranimaient.
C'est qu'il en fallait, du temps pour se préparer. Après le rasage périlleux, il se lavait soigneusement au gant, assis devant le lavabo. Aurélien avait renoncé à la douche par crainte de glis-

sades. Avant de s'habiller d'une chemise propre, d'un pantalon sorti tout droit du pressing et du gilet bleu, dernier cadeau de Patrick, il s'autorisait quelques gouttes d'eau de toilette du Mont Saint-Michel, celle au santal que mettait sa Pauline. Celle avec laquelle, dans les derniers moments, il lui frottait le dos et les jambes, douloureuses de rester au lit. Puis il remettait un peu d'ordre dans l'appartement. Oh, trois fois rien. À son âge, on ne dérange plus grand-chose. Mais surtout, il aérait. Il parfumait les pièces de l'air extérieur. Il faisait rentrer la vie chez lui. Aurélien se souvenait des visites chez son grand-père. De ce mélange de moisi et de renfermé, habité de relents inconnus. Odeur fétide, odeur sordide qu'à dix ans il qualifiait d'« odeur de vieux ». Hors de question que Patrick plisse le nez ou pince ses narines en entrant chez lui.

Ce fameux samedi, la matinée était bien entamée. L'horloge sur la cheminée avait déjà chanté les dix heures. Aurélien devait se rendre au marché. Il y avait ses habitudes. Il commençait par la maraîchère, madame Dumont, que tout le monde surnommait madame « mon derrière », parce qu'elle avait coutume de haranguer le chaland en criant :

Achetez mes tomates ! Mes belles tomates ! Regardez leur derrière, aussi beau qu'mon devant.

Ou, plus suave :

– Et mes belles pommes ! Voyez comme elles brillent ! Venez croquer mon derrière !

Elle parlait de la marchandise cachée aux yeux des clients et posée en pyramide sur son étal, garantissant ainsi que, quelle que soit leur place, tous ses produits étaient beaux et bons. Sa gouaille vous interpellait d'un bout à l'autre du marché.

Dès qu'elle avait aperçu Aurélien et son cabas écossais, elle l'avait apostrophé.

– Voilà Georges Clooney ! Y va bien aujourd'hui ? Qu'est-ce qu'il veut, not'play-bois ?
– Des haricots verts, s'il vous plaît.
– Ah ! C'est le jour du p'tit.
Le « p'tit », c'était Patrick. Et le « p'tit » avait fêté ses cinquante ans.
– J'vous en mets combien ?
– Comme d'habitude. Cinq cents grammes.
– Pas de problème. J'prends ceux d'mon derrière ?
– Évidemment ! Madame Dumont, tout le monde sait bien comme tout est beau chez vous.
Aurélien en avait eu la moustache frisottante et l'éclat topaze des yeux de ses vingt ans.
– Sacré Georgy, quel coquin ! Et avec ça ?
– Trois tomates, deux pommes et un citron. Merci… Bonne journée, madame Dumont.
Et il l'avait saluée d'un mouvement de tête.
– À la prochaine, Georgy ! Bisous au fiston !
Aurélien avait souri et repris son parcours. Il s'était arrêté à la boulangerie pour une baguette bien cuite comme l'aimait Patrick, un éclair au café pour son fils et un baba au rhum pour lui. Une folie qu'il s'autorisait. Une petite entorse à son régime. Depuis la disparition de Pauline, il devait se surveiller seul. Il n'y avait plus personne pour lui rappeler son cholestérol et sa glycémie. C'est ainsi. Puis, Aurélien avait poursuivi jusqu'à la boucherie.
– Bonjour, monsieur Morin, une tranche de jambon et deux belles escalopes, s'il vous plaît.
– Ah ! C'est le jour du fils, monsieur Boyer. Vous allez être content. Et l'fiston aussi. Elles fondent dans la bouche, mes

escalopes. Pas besoin de couteau. Je vous en fais une plus grosse que l'autre ?
– Comme d'habitude.
À part les œufs sous toutes leurs formes, Aurélien ne savait pas cuisiner grand-chose. Il se débrouillottait quotidiennement pour ne pas mourir de faim. Mais il avait appris à mitonner les escalopes à la crème. Depuis sa tendre enfance, c'était le plat favori de Patrick. Des escalopes nappées d'une crème épaisse colorée des sucs de la viande grillée, le tout accompagné de haricots verts frais et de riz sauvage. Pauline les réussissait à la perfection. Alors, dans sa petite cuisine, Aurélien avait répété et répété pour offrir à son enfant ce souvenir maternel. À force de travail, il avait atteint son but le jour où Patrick lui avait avoué que ses escalopes étaient aussi bonnes, voire meilleures, que celles de sa mère. Même s'il avait été flatté du compliment, Aurélien s'était senti gêné de surpasser sa pauvre femme. En même temps, il savait que son fils venait chez lui avec plaisir. Ainsi, tous les derniers samedis du mois et certains jours fériés, depuis bientôt vingt ans, Patrick venait manger les escalopes à la crème de son père, et pour le dessert, un éclair au café.
Dernière étape, le fromager. La crème y est hors de prix. Mais cette crème, c'est le secret de la réussite d'Aurélien. Elle a le goût des fourrages, de la jarre en terre cuite, et non pas du plastique industriel. Son parfum est celui du lait entier, pas celui de l'eau. Sa teneur en calories est hautement concentrée et elle est riche en acides gras saturés, autre entorse à son régime.
Habituellement, Aurélien se fournissait à la supérette, beaucoup moins chère pour sa retraite. Sauf le dernier samedi

du mois. Mais ce samedi-là, celui d'il y a bientôt trois ans, ce samedi-là, une mauvaise surprise l'attendait : le rideau de fer du fromager était baissé. Une pancarte bâclée se balançait, moqueuse : « fermé pour raison familiale » ! Impensable ! Inimaginable ! Jamais Aurélien n'avait envisagé ce cas de figure. Comment allait-il faire ? Et ses « obligations familiales » à lui ! Qui y pensait ? Parce que ses « obligations familiales » à lui excluaient la fermeture de la crémerie. Que pouvait-il arriver de si important pour chambouler vingt ans de fidélité mensuelle ?

C'est là qu'une femme l'avait abordé.

– Excusez-moi, monsieur, vous allez bien ?

En fait, Aurélien ne se sentait pas très en forme.

– Je vous vois depuis quelques minutes l'air perdu. Vous avez besoin d'aide ?

Face au mutisme du vieil homme, Roseline l'avait pris par le bras, l'avait assis sur un banc à ses côtés. Elle avait patienté, sa main dans la sienne. Combien de temps étaient-ils restés là, silencieux, Aurélien serait incapable de le dire. Il était bien. Elle avait la peau douce et chaude. Sans qu'elle ne demande rien, Aurélien avait raconté toute l'histoire : Pauline et ses escalopes, Patrick et ses visites, le crémier et sa crème. Et le drame : la crémerie et sa raison familiale ! Roseline avait vite compris le trouble occasionné par ce non-événement. Le désarroi venait d'ailleurs. L'enjeu, c'était le fils. Le fils rare qui ne viendrait plus si les escalopes n'étaient pas bonnes. Ou moins bonnes.

Voilà comment ils s'étaient rencontrés.

Roseline l'avait soutenu jusqu'à chez lui. En chemin, elle lui avait donné la recette de ses escalopes au citron, bien meilleures pour le cholestérol. Elle avait parié avec lui que Patrick

serait ravi de cette nouveauté. « L'exotisme a du bon », avait-elle promis.
Patrick avait aimé.
Aurélien et Roseline s'étaient revus. Ils avaient pris l'habitude de se retrouver au marché sur leur banc ou au café du boulevard Raspail. Leur attachement mutuel avait grandi. Un jour, Roseline avait croisé le fils sur le palier du père.
Patrick avait aimé. Aimé à tomber fou amoureux.
Roseline avait apprécié. Apprécié suffisamment pour tester.
Puis, elle avait accepté de quitter la rue Guynemer pour la rue Littré et d'emménager dans le petit deux-pièces de l'immeuble jumelé à celui d'Aurélien. Lui avait fait la connaissance de Maele.
Aurélien avait aimé. Aimé à retrouver le goût de la vie.
Maele aussi. À retrouver le goût de l'envie.

Très vite, l'adolescente avait trouvé sa place au milieu des antiquités qui meublaient l'appartement du vieil homme. La porte, toujours ouverte pour elle, l'invitait à s'effacer du monde extérieur quand il devenait trop oppressant. Aurélien ne posait aucune question. Elle entrait, s'enfouissait dans le creux profond des coussins du canapé de velours râpé, s'empiffrait de berlingots aux fruits qui lui coupaient la langue, mangeait des œufs sous toutes leurs formes. Dans ce lieu d'une autre époque, elle guérissait. Après le silence étaient venues les confidences. Encouragée par la patience d'Aurélien, Maele muait. Non sans douleur, elle s'arrachait par lambeaux les couches superposées, tirait les fils de la cotte de mailles tricotée tristesse après chagrin. Aurélien avait démêlé la pelote épineuse pour en sortir l'essentiel : Maele vivait la peur de l'abandon. Son père et puis son frère s'étaient effacés sans prévenir, sans égard pour les éraflures qu'ils lui infligeaient et les entailles plus que profondes. Un soir, Aurélien avait abordé le point crucial : sa disparition. Clairement, les mots avaient été prononcés. L'octogénaire viendrait à mourir dans un délai assez court après une vie assez longue. Durant le laps de temps qui lui restait, il lui promettait d'être là malgré l'angoisse du chemin restant qui le tourmentait et les jours où même sa canne était boiteuse. Un point, c'est tout. Ça, c'est l'ordre normal des choses. Cette vérité entendue et acceptée, Maele se sentit libre d'être.

*

– Alors, cette bise ?
Maele se serre contre Aurélien et claque son sourire sur la joue fraîchement rasée.
– Tu sens bon, mon Georgy.
– Et toi tu ne ressembles guère à madame « mon derrière ». Et me voilà à faire des vers comme monsieur Jourdain faisait de la prose.
– T'es encore plongé dans ton Molière.
– Molière est un Maître avec un grand « M ». Un grand psychologue, un observateur de génie et…
– Je sais, Aurélien, je sais, sans Molière, etc., et le théâtre lui doit tout, etc., etc.
– Jeune fille, vous êtes bien insolente. Vous auriez plu à Molière.
– J'en suis fort aise, monsieur Georgy, et vous salue bien bas.
Aurélien s'amuse de voir Maele risquer une douteuse révérence dans sa veste de laine et ses tennis américaines.

– Trêve de plaisanterie, jeune effrontée. Que viens-tu faire ici ?
– Maman m'a appelée. Tu es au courant ?
– Au courant de quoi ?
– Tu sais. Sa visite au cimetière. L'horreur ! Elle a disjoncté.
– Viens dans la cuisine me raconter. J'ai un dîner à préparer.
Sur le plan de travail, les haricots verts décongèlent dans la passoire. Fin février, la nature ne se montre pas très féconde en matière de légumes verts frais et Aurélien compose avec.
– Un thé ?
Il n'attend pas la réponse pour poser la bouilloire sur la gazinière à côté d'une casserole d'eau salée. Quelques instants plus tard, debout contre l'évier, son bol fumant aux creux des mains, la jeune fille raconte la conversation pour le moins bizarre qu'elle a eue avec sa mère.
– J'ai rien compris, Aurélien. Elle parlait de lotus, de cartouche et de « trucs en plus ». Elle a déliré sur la date de mes partiels de janvier. Je te dis qu'elle a pété les plombs encore une fois.
La casserole tremble à gros bouillons sur la cuisinière. Le vieil homme y plonge un grand verre de riz sauvage et remue en baissant le gaz.
– Il ne faut pas que le riz attache aux parois.
– On va devoir l'hospitaliser. Encore.
– On n'en est pas là, ma belle.
– Tu l'as pas entendue ! Hystérique, qu'elle était !
Aurélien voudrait accéder à l'évier pour essuyer ses haricots.
– Reste pas plantée là dans mes pattes. Va t'asseoir.
– Si je t'ennuie, je peux partir.
– Mais non. Tu ne m'ennuies jamais, tu le sais.
– Alors laisse tomber ta foutue tambouille et écoute-moi.

Il entoure ses haricots d'un linge fin et soyeux, les compresse délicatement, les tourne, les retourne et affirme.
– Mais je t'écoute. J'ai tout entendu. Ta mère, le cimetière, le scarabée…
– Et alors, je fais quoi, moi ?
Il attrape un torchon sec et recommence son manège.
– Tu vas chez ta mère, tu vois avec elle et tu reviens me dire.
Il laisse les haricots de côté pour touiller son riz.
– Un peu plus, et il attachait. Collant, c'est foutu. Comme le café bouillu.
Il revient à ses haricots.
– On a beau dire, les surgelés, c'est bien, mais c'est mieux quand c'est frais.
– Aurélien, je vais te les foutre au vide-ordures, tes haricots ! Et le riz suivra le même chemin ! Et j'te parle même pas du pot de crème !
Le vieil homme s'essuie les mains sur son tablier bleu, refait le nœud sur son ventre et se plante devant Maele.
– Tu dois parler avec ta mère, pas avec moi.
Il la fixe droit dans les yeux. Elle ne baisse pas le regard, même quand son pouce vient lui effleurer la pommette et que, d'une voix sûre, il ajoute.
– Je sais, c'est dur, mais tu dois y aller. Ce n'est probablement rien du tout. Juste le contrecoup de sa visite. Tu sais, c'est la première fois qu'elle y retourne depuis l'enterrement. Alors, forcément, elle a eu un choc. Elle doit être calmée à présent.
– Mouais… Tu dois avoir raison. Si ça se trouve, je me suis fait tout un film.
Son air préoccupé ne colle pas avec le ton dégagé, mais Aurélien joue le jeu.

– Certainement. Ce qui est sûr, c'est qu'elle a besoin de toi maintenant. Allez, file !
– Je te laisse en tête à tête avec tes haricots.
Elle se détend et le rose embellit ses joues.
– Fais attention à ne pas trop les essuyer, ils risquent de perdre leur couleur. Avec les surgelés… on ne sait jamais.
L'air se fait plus respirable.
– Ce serait dommage. Hein, Georgeounet ! Des haricots verts tout jaunes, ce serait bête, hein ?
Son rire ricoche dans le cœur d'Aurélien qui lui rétorque :
– Je n'entends pas ces persiflages de mauvais goût. J'ai du boulot, moi, jeune fille.
– Tu ferais mieux de surveiller ton riz, je crois qu'il…
– Bon sang de bon sang de bon sang ! C'est de la colle ! Tu aurais pu me prévenir plus tôt !
– Tu sais, moi… la cuisine. D'ailleurs, explique pourquoi tu fais cuire ton riz au milieu de l'après-midi ? Il va être tout froid. Il aime ça, Patrick ?
– Je fais comme je veux. C'est long, la bonne cuisine. Et ça existe, les micro-ondes.
– T'es un pépé formidable, mon Georgy !
– File, petite peste ! Dis donc, tu me débarrasses quand de ton bazar ?
Le salon est colonisé par des cartons à dessins que la jeune fille a entreposés quelques jours plus tôt.
– Je sais pas. Je repasserai.
– Au fait, tu sais, nos deux tourtereaux se sont disputés.
– Ouais, j'avais cru comprendre l'autre jour. Faut dire qu'elle est pas facile, facile, la chère mère. C'est pas gagné entre eux. Allez, je me sauve.
Il attrape au vol le baiser que Maele lui envoie depuis le

palier. Ses pommettes ont retrouvé leurs fossettes et c'est le pas léger qu'elle dévale l'escalier en criant :
– À tout de suite !
– T'inquiète pas, ma belle, je serai là.

*

Il faut se bouger. Roseline n'a aucune envie de s'extraire du canapé.
Ce canapé, c'est Maele qui l'a choisi. Comme tout le reste, d'ailleurs.

Une fois la décision de quitter la rue Guynemer prise, le deux-pièces trouvé, Roseline était partie se reposer quelque part. Elle ne voulait rien garder de sa vie d'avant. Les meubles de famille partirent à la salle des ventes, le reste chez Emmaüs ou à la déchetterie. Maele pouvait garder ce qu'elle voulait. Roseline avait fait son choix. Elle ne conserverait qu'une malle avec des souvenirs de Clément et quelques livres. Elle laissait à Maele et sa cousine Justine le soin de décorer et meubler le nouvel appartement.

Le bruit du silence pousse Roseline. Il faut absolument le faire taire. Elle allume la radio. Pas de musique. La musique ne suffit pas à éteindre le silence. Il faut des gens. Des gens qui parlent, qui font du bruit et dispensent la vie en FM. La télévision, c'est sûr, c'est mieux, mais là, Roseline doit s'activer et non pas s'affaler devant le poste à regarder le monde gesticuler. La bouilloire chante dans la belle cuisine aux placards rouge opéra. Roseline n'a pas oublié sa perplexité face à ce choix pour le moins troublant. Elle sourit en y repensant.

C'était il y a deux ans. Maele et Justine étaient venues la chercher à sa sortie de la maison de repos après un séjour de trois mois. Leur excitation faisait plaisir à voir. Elle était presque contagieuse. Les deux filles n'en finissaient pas de parler, de jacasser et de rire des galères qui avaient perturbé les travaux. Roseline avait perdu l'habitude de tant d'agitation. Très vite, elle avait décroché pour ne plus rien écouter. À intervalles réguliers, elle hochait la tête ou poussait un grognement qui passait pour une marque d'intérêt. Elle s'était réveillée devant la porte, les pieds plantés dans le paillasson marqué « Bienvenue » et Maele qui lui tendait les clefs.
– Te voilà chez toi, maman.
Elle était touchante avec son air saturé d'inquiétude et d'impatience. Justine n'était pas plus à l'aise mais, à son habitude, elle affichait un air confiant.
– Allez, ma petite tatie, faut y aller.
Ça sentait le neuf et le propre. Sous l'œil attentif des deux complices, Roseline commença la visite. L'entrée n'avait rien d'original. De taille moyenne, carrée, un placard et quatre portes qui desservaient tout l'appartement. Juste la place d'une petite console vide-poche. Rien à dire. Et personne ne disait rien. Après l'effervescence du voyage, ce silence pesait aussi lourd qu'une angoisse de crépuscule. Roseline passa du salon à la chambre, revint au salon, repassa par la salle de bains et découvrit la cuisine.
– C'est rouge, avait-elle lâché.
– Rouge opéra.
Maele avait bien articulé chaque syllabe. Elle avait pris son temps. S'était délectée de chaque lettre.
Roseline n'y croyait pas. Secouée d'un rire nerveux, elle avait osé :

– Opéra-bouffe !
Maele ne se délectait plus.
– Quoi ?
– Opéra-bouffe ! Tu ne comprends pas ? *Bouffe !* Cuisine, bouffe. Ça y est ?
– T'es fière de toi ?
– Oui. Plutôt. Avouez que c'est drôle, les filles.
Justine était partagée entre le rire et la désolation. Maele était tétanisée. Toutes deux affichaient une mine tristouille. Croyant bien faire, Roseline avait entonné :
– *Figaro-ci, Figaro là, Fiiigaro, Fiiigaro.*
– Arrête, maman !
Rien à faire. C'était comme ça de temps en temps. Un effet secondaire des médicaments probablement. Roseline ne contrôlait plus rien : une sorte d'exaltation hystérique qu'elle devait évacuer sous peine d'asphyxie.
– *Figaro là, là, là, làààà ! Là là là ! Là là là ! Figaaa…*
– T'es vraiment chiante !
– Merci, ma fille. Toujours aussi agréable de discuter avec toi.
– Voilà, on y est. C'est d'ma faute, comme d'habitude. T'es contente ?
– Plus vraiment.
Eh oui, on y était. Mère et fille face à face.
– Tu vas dire que j'insiste mais… c'est que… je trouve que… que c'est très, très rouge.
– Allez ! Vas-y ! Remets-en une couche.
Il était temps de se taire.
Bien sûr, Roseline n'aurait pas fait ce choix, mais, pour être franche, au moment où elle prenait connaissance des lieux,

elle s'en moquait totalement. « Rouge opéra » ou « caca d'oie », quelle importance. Elle est très bien, cette cuisine, claire, fonctionnelle, tout intégré. Impeccable.
Comme le reste. Harmonieux, propre, net, sans âme. Un appartement témoin où tout est à sa place, où rien ne dépasse, pas un accroc, rien de personnel. Une moquette épaisse, douce aux pieds nus, étouffant les bruits intérieurs. Des rideaux de lin naturel doublés d'un tissu occultant, obstacle au monde extérieur. Des meubles de pur style Ikea. Quelques bibelots de même origine. Rien du passé.
C'était parfait. Aucune remarque à faire.
Roseline avait esquissé un geste tendre que Maele avait esquivé.
– J'ai soif, moi, avait dit Justine bien à propos. Pas vous ?
– Si, si.
Dans le salon tout neuf, elles avaient partagé un goûter. Roseline avait remercié les deux cousines pour le mal qu'elles s'étaient donné. Puis elle avait prétexté un gros coup de fatigue pour les renvoyer chez elles et s'était enlisée dans le canapé deux jours durant. Quarante-huit heures à zapper en mondovision en compagnie de l'écran plasma et son amie parabole.

La bouilloire a fini de suffoquer. Maele ne va pas tarder à arriver. Finalement, elle est sympa cette cuisine, pense Roseline. Ce rouge donne une belle lumière à la pièce. Très gaie.
Le plateau est prêt avec ses petits gâteaux et les tasses à thé. Il est l'heure.
Roseline retient son estomac et son cœur qui s'affolent. Il est grand temps d'ouvrir la malle cachée au fond du placard de sa chambre.

Néfi est roulée en boule sur le lit.
– Coucou, Néfi, c'est moi.
Néfi la regarde fixement, sans bouger. Seules ses moustaches frissonnent d'une excitation contenue. Roseline s'assoit et lui tend une main amicale. Néfi pointe son museau, frotte sa truffe fraîche sur la peau fatiguée. Une goutte de fièvre brûle les yeux de Roseline.

Néfi, c'est la seule trace visible de Clément.
C'est Néfertari, la reine du territoire.

Clément l'avait trouvée lapant l'eau du caniveau. Elle avait quelques semaines, beaucoup de puces, des vers et la gale. Bien sûr, sous-alimentée et, en prime, un coryza. Le vétérinaire ne lui avait pas laissé beaucoup de chances. Mais, à force de soins et de patience, Clément l'avait sauvée. Nourrie au biberon à heures régulières, choyée, la petite bête avait survécu pour se transformer en une superbe chatte élégante et racée au pelage chocolat. Son poitrail rond est mouillé d'une larme de duvet blanc. Sa queue en panache se balance au gré de ses humeurs.
Un lien exceptionnel s'était tissé entre ces deux-là. Elle lui obéissait comme un chien, vivait à travers lui. Il en obtenait ce qu'il voulait. Elle aussi.
Roseline avait beaucoup donné pour gagner la confiance de Néfi.
Aujourd'hui encore, devant la dureté de l'éclat de ses yeux ronds, Roseline sait qu'elle ne sera jamais sa vraie maîtresse.
Néfi avait deux ans à la mort de son maître. Avec lui était partie sa fougue. Finies les cavalcades sur le parquet glissant,

les chasses aux mouches. Les rideaux ne souffraient plus de ses griffes acérées et le poisson rouge s'ennuyait dans son bocal. Les croquettes se momifiaient dans leur bol. En manque de câlins et de caresses, en manque de Clément, Néfi se desséchait. Elle aussi maigrissait et dépérissait dans les creux de la couette. Couchée au pied du lit, elle crachait la moindre tentative d'approche d'une Roseline accablée par ce rejet. Et puis, un jour, la petite bête était venue aux larmes de Roseline. La tête enfouie dans son cou, Néfi avait sorti sa langue râpeuse pour sécher les joues mouillées. Ce fut le premier et le seul grand élan affectif de Néfi. Après, elle se contenta de légères caresses par-ci, par-là. De câlins à doses homéopathiques. Si elle ne jouait plus, elle avait retrouvé la malice de se faufiler par une fenêtre entrouverte et l'habitude de courir sur les toits parisiens.

*

Roseline pose le plateau sur le coin de sa table de nuit et se sert un thé sans attendre. Elle a bien envie de rejoindre Néfi au chaud de l'édredon. Les oreillers moelleux appellent sa paresse. Mais il y a Maele qui va arriver, les explications qui suivront et la malle aux trésors maudits à ouvrir. Sur la commode, son fils l'encourage d'un sourire. Dans un autre cadre, une photo de Maele à dix-huit mois, le nez au vent. Roseline se souvient parfaitement du jour où elle a été prise.

C'était une journée d'octobre. Les arbres s'habillaient de rouge orangé. Leurs feuilles crissaient sous le pas des promeneurs. C'était un bel automne. Pas un de ces automnes tristes et humides. Cette année-là, tout était beau. Et surtout la petite Maele, emmitouflée de rose, qui trottinait, souriant à la vie. Ses boucles blondes s'ornaient d'une barrette inutile, juste une décoration indispensable à la femme qu'elle serait. Son inséparable tétine pendue à son cou par un ruban douteux se balançait et attendait le premier chagrin pour servir. La fillette se pliait en deux sur ses petites jambes raides, la couche en l'air, pour ramasser des feuilles. Avec la maladresse de son âge, elle courait après celles qui s'envolaient dans le vent. Elle riait de cette farce et une fossette creusait ses joues potelées. Roseline se souvenait… Quinze jours plus tard, un matin de brouillard et une route glissante la laissaient assommée de terreur et seule pour élever ses deux enfants. À presque huit ans, Clément avait vite compris. Il avait versé des larmes silencieuses en regardant la terre avaler son papa. C'est à partir de ce jour-là qu'il s'était intéressé à l'archéologie. Trop petiote, Maele ne gardait du souvenir de son père que les anecdotes racontées et des photos vieillies. À cet âge, Maele ignorait les mots « avenir », « demain », ou même « tout à l'heure ». À cet âge, on ne connaît que le présent. On ne voit pas plus loin que « tout de suite » quand l'estomac fait mal parce qu'il est l'heure de manger. Quand papa vous hisse sur ses épaules et que le monde prend une autre dimension. Ou quand la fatigue vous gagne et que maman vous berce dans ses bras en cocon. À cet âge, « jamais » n'existe pas. Alors on court, heureuse, dans les allées d'un parc, et papa immortalise cet instant de bonheur simple. Et une vingtaine d'années plus tard, noyée dans la photo, maman se souviendra. Elle maudira le destin qui a trahi la petite fille et son sourire confiant. L'enfant aura appris trop tôt que tous les jours ne ressemblent pas à une balade en famille un jour d'automne. Et puis, Clément est mort. Maele avait seize ans et Roseline l'a de nouveau oubliée sur l'allée du parc de ses premiers pas d'enfant. Aujourd'hui, Maele a non seulement perdu confiance en la vie mais surtout en sa mère. L'adolescente a appris toute seule le caractère définitif du mot « jamais ». Jamais plus de promenades innocentes. Jamais plus de fossettes aux creux ravissants. Jamais plus de maman rassurante. Jamais plus de papa. Jamais plus de Clément. Et il lui fallut grandir sans cette innocence qui portait la petite fille à la tétine pendouillante. Roseline le savait. Elle pourrait avaler toutes les pilules du monde, rien ne changerait. Son bébé Maele était cassé, la jeune femme Maele n'était pas réparée.

Un coup bref frappé à la porte, la clef qui tourne dans la serrure et Maele qui déboule dans l'appartement. Parce que Maele ne rentre jamais quelque part, non, elle déboule. Son arrivée chasse l'ambiance feutrée. Au fur et à mesure, dans sa progression, elle sème. Dans l'entrée, les chaussures, suit la besace jetée en chemin, puis le manteau vautré, au mieux, sur un dossier de chaise, au pire, sur la moquette. Avec un peu de chance, elle aura déniché une friperie, fait quelques courses, et les sacs en papier recyclé se répandront là ou ailleurs. L'écharpe sera difficile à retrouver au moment du départ ainsi que les clefs. C'est ainsi quand Maele surgit, elle envahit l'espace. Tout l'espace.
– Maman ! T'es où ?
Elle se croit dans un château. Elle hurle à se faire entendre du fond des oubliettes à l'autre bout des douves. Elle double et redouble ces mots encore et encore, toujours sur le même

ton, jusqu'à la chambre. Le trajet lui prend à peine quelques secondes, juste le temps de coller la migraine à sa mère.

– Ah ! Tu es là !

Roseline abandonne la petite Maele pour la grande. Il ne reste plus grand-chose du bébé rose mais subsiste toujours la grande bouffée d'amour qu'elle ressent chaque fois que son regard se pose sur sa fille. Un trop-plein qui la submerge à l'étouffer et laisse place à un trac familier. La peur de mal faire, de mal dire, coince ses mots, paralyse ses gestes. Surtout ne pas heurter le lien qui les unit. Solide comme un fil d'araignée, plus cassant qu'un filament de sucre, ce lien construit dans l'amour et bâti sur la souffrance, ce lien c'est : « Attention Danger ». Un piège collant qui peut se briser d'un souffle maladroit ou d'un mot égaré.

Maele s'affale sur le lit à faire rebondir Néfi endormie. La chatte miaule, s'étire et bâille. Elle frotte son museau sur les pieds de la jeune fille, tourne, retourne, se roule en boule et se recouche. La main de Maele s'égare dans la fourrure et secoue l'animal.

– Pas trop dure, la vie, Néfi !

Celle-ci apprécie modérément la caresse et crache pour la forme. Roseline prend son parti.

– Laisse-la tranquille.

Maele adoucit la pression. Ses bouts de doigts jouent avec le poil long, effleurent les coussinets. Néfi se calme. La jeune fille pose sa tête sur l'oreiller et regarde sa mère.

– Alors, qu'est-ce qu'il y a ? Faut qu'on parle de quoi ?

– De ton frère.

Et Roseline raconte. Sans rien oublier elle parle de la plaque

de marbre. Détaille le cartouche égyptien avec ses trois symboles. Revit sa colère devant les tiges de papyrus. Explique où ont fini les plus coriaces d'entre elles.
– Tu m'imagines, moi, plantant ces tiges dans le derrière de cette horrible créature !
La mère et la fille unies dans un même rire. Un instant, un court instant oublié des tracas. Et puis le retour à la réalité. On aborde le sujet sensible. Qui est cette jeune femme ? Toutes deux sont d'accord pour penser qu'elle connaissait parfaitement Clément. Elle ne s'est pas trompée dans ses choix. À eux seuls, ils résument sa courte vie. Alors, pourquoi ignorent-elles son existence ? Maele jure que son frère ne lui en a jamais parlé. Le face-à-face s'anime. Les esprits s'échauffent. Elles se perdent en conjectures. Elles s'égarent dans des supputations farfelues, des hypothèses plus ou moins sensées. En résumé, elles nagent dans un bouillon d'incertitudes. À bout de souffle, Roseline conclut.
– Il faut absolument la retrouver.
– Je ne sais pas, répond sa fille. Est-ce qu'on veut vraiment remuer tout ça ? Je sais pas si j'en ai envie, moi…
Maele mendie son droit à avancer. Roseline n'entend pas. Elle sort la malle du placard.
Ce qu'elle appelle malle ressemble plus à un coffre. Il n'est pas beaucoup plus grand qu'une boîte à chaussures. Pas plus solide non plus, mais plus profond. Roseline le pose sur ses genoux. Une odeur de pin et de forêt landaise la chatouille. D'une main, elle caresse le grain fin, s'attarde sur les courbures avant que son index ne se cogne au nœud incrusté dans le couvercle. Longuement, il tourne autour, en dessine les cernes bruns, s'étonne de sa douceur.

Deux ans qu'il est enfermé dans ce placard, à l'abri des regards. Roseline saurait-elle dire ce qu'il contient ? Elle-même a des doutes. Un jour, on lui avait demandé de choisir, de faire un tri et de garder l'essentiel. Mais l'essentiel, c'était quoi ?
Maele comprend.
– Puisque tu le veux, ouvrons-la, cette boîte.
– Non !
Les mains s'agrippent, se serrent autour du coffre à blanchir ses phalanges.
– Si, si, tu as raison. C'est peut-être mieux, insiste Maele.
– Non ! Non !
Maele écarte les mains de sa mère.
– Laisse-moi faire.
La pression se relâche sous la douceur de sa fille, toujours déroutante par son exception. Roseline se dit que l'essentiel est parti pour toujours, mais elle doit regarder dans ce coffre. Elle doit trouver une réponse à ses questions. Il faut qu'elle sache qui est cette femme qui se permet des libertés inconcevables en imposant, sur la tombe de son fils, des objets précis à en être troublants.
Maele a déjà plongé dans l'antre du passé. Elle en sort une belle quantité de papiers, diplômes en tout genre, photos de famille, d'amis, de Néfi, de l'Égypte. Elle s'attendrit devant une grenouillère jaune poussin ; Roseline, sur la paire de chaussons assortis. Elle plonge le nez dans ce parfum de bébé qui subsiste au-delà de tout. Les images arrivent, défilent en bande silencieuse, nettes ou floues mais si réelles. Trop violentes. Roseline secoue la tête pour chasser les larmes. Maele n'a rien vu.
– Y'en a, des trucs, là-dedans. C'est quoi, ça ?

Ça, ce sont des sachets de terre. Des toutes petites quantités dans des tout petits sacs en plastique.
– Je n'en sais rien, répond sa mère. C'était dans la table de chevet de ton frère. J'ai pensé que ce devait être important pour lui, alors je les ai gardés. J'ignore d'où ça vient.
– Des souvenirs de ses voyages.
– Certainement. Oh ! Regarde, son livre de CP. Ses premiers cahiers d'écriture.
– Eh bien, il était pas doué ! Regarde ses « m », il y met quatre jambes. Et le « o », la boucle est à l'envers !
Roseline n'entend plus sa fille. Clément est là, devant elle, concentré sur son cahier, la tête inclinée sur le côté. Sous la table, ses pieds flottent et gigotent. À intervalles réguliers, sa bouche d'enfant boudeur laisse filer un soupir. La main libre fouille dans la chevelure bouclée. L'autre, armée d'un crayon, peine à remplir des lignes de lettres tremblées. Clément était un petit garçon vif et curieux que ce genre de travail répétitif ennuyait. Chaque soir, la mère et le fils livraient une bataille que Roseline ne gagnait pas toujours. D'où les « m » à quatre jambes, les « o » boucle à l'envers et même des « t » sans barre.
– C'est quoi, ces clefs ?
Maele brandit un trousseau de trois clefs accrochées à un anneau rouillé.
– Je ne sais pas.
– Comment ça, tu sais pas ?
– Non, je ne sais pas.
– Encore un mystère, quoi… Et ça ? Il fumait, Clément ?
– Ah non ! Ça, c'est le briquet de ton père.
– Il fumait, mon père ?

– Pour ça, oui ! Tu sais, à l'époque, on ne savait pas tout le mal que le tabac faisait. On fumait sans savoir qu'on se détruisait. Tu ne te souviens pas ? Tu le repoussais en disant : « Pas bon. »
– Non.
– C'est vrai, tu étais si petite. Tu ne peux pas te souvenir.
– …
– Du coup, il avait décidé d'arrêter. Pour toi. Il aurait fait n'importe quoi pour toi.
– Ça l'a pas empêché de mourir d'autre chose.
– Et toi, ça ne t'empêche pas de fumer.
– C'est reparti ! Le bureau des reproches est ouvert !
– Ce n'est pas un reproche, c'est une constatation. Je trouve dommage que…
– Je t'ai déjà dit que je ne fume qu'occasionnellement.
Roseline se penche sur sa fille et renifle ses cheveux.
– Des occasions qui sentent une drôle d'odeur.
– Voilà le reproche !
– Non, la vérité. La vérité a aussi une drôle d'odeur.
– Alors ouvre mieux tes narines. Tu dégages pas mal, toi aussi.
– Tu n'oses pas comparer mon Prozac et ton herbe exotique, quand même !
– Pourquoi pas ? Cette odeur te fait peur ?
La mère et la fille sont engagées dans un dialogue périlleux. Dialogue mille fois répété, mille fois stérile. Les mêmes mots, les mêmes griefs, la même impasse qui pointent à l'horizon. Roseline s'en veut. Elle connaît les sujets à éviter. Et pourtant…
Qui va céder la première ?

Le coffre est là à attendre, perdu dans un épais silence. Chaque fois le même, difficile à broyer.
– Je boirais bien quelque chose ! Et toi ? Tu veux quelque chose ?
– Il reste du thé. Ça ira. Ça ira très bien, maman.
Maele vide la théière.
La gêne se dissipe.
– Ils sont bons, tes biscuits.
Difficilement.
– C'est Aurélien qui me les a donnés.
Tout de suite, l'atmosphère devient plus respirable. Maele sourit.
– Je suis passée le voir. Il a demandé de tes nouvelles.
Un air frais balaye la chambre. Le pouvoir magique de Georgy agit.
– Il est tout content. Tout émoustillé. Il paraît que la nouvelle gardienne arrive bientôt.
– Il paraît.
– Tu n'en sais pas plus ?
– Pas vraiment. Concierge ou pas concierge, je m'en moque un peu. Aurélien, je comprends. Il aime les gens et quand ça bouge. Moi, tu sais…
– Toi, tu devrais prendre exemple sur lui.
Les yeux de Roseline quitte le vide et se pose sur le coffre.
– Je devrais, oui… On continue ?
La boîte a encore quelques secrets. Il en sort des tas de babioles accumulées au cours des âges. Des souvenirs des premières fois. Des premiers attendrissements. Des premières folies d'adolescent. Des images Panini. Des bandes dessinées écornées. Le dernier livre pas fini avec son marque-page coincé dans l'ignorance de la fin du roman.

– Je l'ai lu, ce livre, dit Maele. Il est nul. J'ai pas aimé la fin.
– Ça raconte quoi ?
– Je sais plus. Qu'est-ce que c'est que ça ?
Maele tient une carte de visite jaunie. Le bristol est gravé au nom de Pierre et Roseline Robin, de leur ancienne adresse, rue Guynemer, et de leur numéro de téléphone à sept chiffres. Au dos, un texte griffonné d'une écriture maladroite aux boucles à l'envers et aux « t » sans barre que Maele déchiffre à haute voix.
« Glissé 10 francs sous le payllaçon de la conciérge où le sang coulera. Atention sa sent la viande froide. »
Roseline éclate de rire devant l'air ahuri de sa fille. Ce carton, c'est l'une des plus jolies bêtises de Clément. Il avait tout juste sept ans et partageait avec son père une passion pour James Bond et Lino Ventura. Les films des années cinquante et soixante aux dialogues croustillants lui avaient inspiré cette blague innocente. Croyant arrondir son argent de poche sans risque, il avait mis ce mot dans la boîte aux lettres de leur voisine, madame Bardot, quatre-vingt-douze printemps, à l'humour aussi diminué que ses capacités physiques, mais à la délicatesse indiscutable. Elle avait vu naître Clément et s'extasiait tous les jours devant sa frimousse. Cette vieille dame adorable avait bien compris le fond du message sans en avoir capté toute la subtilité. Elle avait sonné à leur porte l'air gêné, peu encline à jouer un remake de Georges Lautner. Roseline et son mari avaient souffert pour dissimuler un fou rire qui aurait été jugé des plus inconvenants par la *victime* de Clément. Avec le plus grand sérieux, père et mère, au bord de l'explosion, avaient sermonné le fils et exigé qu'il présente des excuses. L'enfant, candide, avait obéi, admirant en secret l'esprit de déduction et le courage de madame Bardot. Pour sûr,

elle avait dû être détective privé dans sa jeunesse, du temps de la prohibition. Deux, trois années auront été nécessaires au jeune brigand pour comprendre comment madame Bardot avait élucidé l'énigme de « cette terrible menace ».

– Pas malin, le frangin, ponctue Maele en riant de bon cœur, mais l'idée était belle. Tiens, une clef USB.

– C'est quoi, une clef USB ?

– Mamaaan ! T'exagères !

– Mais non, je t'assure, je ne sais pas ce qu'est une clef USB.

– J'hallucine ! Je dois être la seule fille qui a une mère qui vit encore à l'âge du minitel. Une clef USB sert à stocker...

– Arrête, Maele, je plaisante. Une clef USB est une unité de stockage de petit format se connectant sur le port USB d'un ordinateur. Je t'épate, hein ?

– Waouh !

– Il doit y avoir des infos là-dessus. Des photos peut-être. Prends-la, tu regarderas sur ton ordi et tu me diras... Ou je regarderai avec toi... Ou plutôt, non, tu viendras avec ton ordi... Je sais pas... Vraiment, je sais pas...

Dans sa tête, les idées se bousculent et se cognent les unes aux autres sans parvenir à reprendre un cours normal. Tant de choses se jouent sur ce petit objet trouvé. Maele prend la main de Roseline. La faille de la mère devient celle de la fille. Elles ont le même regard perdu, captif de leur guerre. Les morts ont la vie dure. Maele voudrait savoir les tuer et leur donner la place qui est la leur.

– Donne-moi cette clef, je vais m'en occuper. On finit l'inventaire de cette fichue boîte et je regarderai sur mon portable. S'il y a quelque chose d'intéressant, on en parlera. Sinon, on passera à autre chose.

Roseline se laisse faire. Elle approuve mais elle sait que l'oubli n'existe pas. On fait semblant, par politesse pour les autres, par égard pour soi. On tient debout, bancal. On sourit à sa fille pour sa survie et on cache cette migraine qui n'en finit pas de ne pas passer.
Il n'y a plus rien dans la boîte. Du moins le croyaient-elles. Maele jette un coup d'œil rapide et en caresse le fond. Coincé dans un intervalle irrégulier du bois, un jeton de plastique jaune se languit, oublié.
– Qu'est-ce que c'est, ce truc ? Tu en as gardé, des cochonneries, maman.
Roseline l'arrache des mains de sa fille.
– Aïe ! Tu fais mal !
Il était là !
Au cœur de sa paume, le jeton brûle.
– T'es pas nette !
Comment a-t-il atterri dans cette boîte ? Roseline ignorait que Clément l'avait gardé toutes ces années. Mon Dieu, si elle avait su.
– Tu pourrais me dire au lieu de m'arracher la peau.
Lui dire quoi ? « Ce jeton appartient à ton frère. Sa place n'est pas dans cette boîte. »

Quand son mari est mort sur cette route, loin d'eux, laissant à Roseline leurs deux enfants en bas âge et sa propre douleur, leur vie s'était tant mal que bien organisée. Maele si petite, et Clément si lucide avec ses presque huit ans. Après l'enterrement, il n'avait plus versé de larmes. Du moins plus dans la lumière. Il veillait sur sa petite sœur, fidèle comme un chien de berger sur l'agneau nouveau-né. Il avait pour sa mère des attentions d'adulte. Si fragile sous le poids de charges trop encombrantes pour ses jeunes épaules, et déjà un pli disgracieux qui se dessinait entre ses yeux. Du lever au coucher, il ne pensait qu'au bien-être de ses « deux femmes », comme il disait pour plaisanter. Mais le soir venu, Clément redevenait un petit garçon avec des peurs de petit garçon. Dans le noir, la réalité se faisait trop lisible avec ses images trop nettes, ses parfums trop palpables et ses cauchemars qui mouillaient le lit. Aussi Clément avait-il pris l'habitude de se réfugier dans les draps maternels. Sans bruit, transi, il se glissait et remplissait la place vide qui se réchauffait. Roseline ouvrait ses bras et l'enfant se lovait dans ses creux pour s'abandonner. Jusqu'au petit matin, elle écoutait la musique du souffle régulier de son fils endormi. Quand un sursaut l'agitait, qu'un tremblement le secouait, elle caressait ses boucles d'une main câline, le berçait d'un murmure consolant jusqu'au retour du souffle rassuré. Mais ce manège ne pouvait pas durer. Si bons, si forts que pouvaient être ces moments, ils devaient prendre fin. Pour le bien de tous, ils avaient passé un accord. Roseline donnait à son fils un jeton rouge chaque fois qu'il réussissait à dormir toute une nuit dans son propre lit. Chacun de ces petits ronds de plastique témoignait de ses victoires, symbolisait les efforts de Clément. Au dixième, il gagnait un jeton jaune qui l'autorisait à choisir une récompense. Ce qu'il voulait. Généralement, un jeu vidéo, une sortie au cinéma ou un parc d'attraction. Quelquefois, son plat ou son gâteau préférés. Avec ce système, les visites nocturnes s'étaient faites moins régulières. Chacun reprenait sa place et le pli disgracieux entre les yeux de Clément s'estompait.

Un jour, le jeton jaune tendu vers sa mère, il avait demandé sa récompense : voir son père. Roseline avait repoussé la petite main suspendue en s'excusant de ne pouvoir tenir son engagement. Le jeu s'était arrêté là. Clément n'était plus jamais venu la nuit et n'avait jamais plus réclamé de jetons.

Difficile pour Roseline de réaliser l'énormité de la chose : « Sa place n'est pas dans cette boîte. Clément est parti rejoindre son père sans son jeton jaune. Sa place n'est pas dans cette boîte. »

Réalité cinglante qui la fouette à en réveiller ses remords.

Maele comprendrait-elle seulement ?

– Alors, c'est quoi, ce jeton ?

– Rien. Rien du tout. Un vieux jeton qui doit venir d'un jeu quelconque.

Maele n'y croit pas plus que ça. On ne glisse pas un jeton quelconque au fond de sa poche, l'air de rien. Maele fait comme d'habitude, elle fait semblant.

– Et moi ? J'ai une boîte à souvenirs, moi ?

Roseline se lève, fouille au fond du placard et en sort une petite malle quasi identique à celle de Clément. Dedans, un bric-à-brac très féminin, un bracelet de maternité, des dents de lait et un journal intime que Maele reconnaît tout de suite. Elle laisse son émotion s'exprimer et se blottit contre sa mère.

Il coule dans leurs veines la même détresse. Roseline repense à ce jour où on lui avait demandé de garder l'essentiel. L'essentiel de quoi ? De qui ? C'est quoi, l'essentiel ?

L'essentiel est assis à côté d'elle. L'essentiel pleure sur son épaule, sourit de travers sous ses larmes, mais Roseline sait qu'elle va devoir partir pour l'Égypte en laissant l'essentiel à Paris.

*

Les réverbères répandent leurs éclairages en portions de lumière. De sa fenêtre, Roseline regarde Maele filer entre les gouttes de pluie qui picorent les carreaux. Elle est partie chargée de sa boîte. Elle ne regarde pas où vont ses pas, ne voit pas la voiture qui fonce droit sur elle. Elle ne saura jamais le cœur de sa mère arrêté, le poing serré à blanchir les phalanges, le temps suspendu dans le petit appartement. La voiture l'évite en zigzaguant. Maele marche seule et, sans se retourner, disparaît dans la pénombre de Paris. Elle ne saura jamais le cœur reprenant une cadence normale et la vie revenue, provocante.

C'est dans des moments comme ça que Roseline pense que la présence de Patrick lui ferait du bien. Mais ils ont rompu il y a quelque temps déjà. Personne n'est au courant. C'est encore leur secret.

Un soir, il est venu, un paquet à la main. Un joli paquet de papier vert jardin avec quelques mots, en encre dorée, écrits dessus. Patrick avait l'air fier et l'impatience d'un enfant le jour de la fête des mères. Il le lui avait tendu, sans rien dire. Elle avait lu les mots ambrés : « Doucement, tu me fais du bien. » Elle lui avait souri et avait ouvert le cadeau, sans déchirer le papier. Elle avait deviné ce qu'il contenait, sa forme ne laissait aucun doute. Environ vingt centimètres sur treize, deux, trois d'épaisseur, ce ne pouvait être qu'un livre. Mais quel livre !

– Tu l'avais perdu. Tu vois, c'est la même série. C'est l'édition d'origine, tu sais !

Jeunesse de Renny de Mazo de la Roche chez Feux croisés Âmes et

terres étrangères – Collection d'auteurs étrangers – Achevé d'imprimer le 18 mars 1945 – Traduit de l'anglais par S. SALLARD – Librairie Plon à Paris – Couverture gris beige et liseré vert marin. Roseline n'en croyait pas ses yeux.
– Maintenant, ta collection est complète. Tu ne dis rien ? Ça ne te fait pas plaisir ?
Plaisir n'était pas le mot qui lui venait à l'esprit. Peu de chose aurait pu la combler davantage.
Les livres, elles les aiment, et cette série tout particulièrement. Mazo de la Roche et la famille Whiteoak l'accompagnent depuis sa jeunesse. Elle a hérité des quatorze tomes de ses grands-parents et ne peut dire combien de fois elle les a lus. Ils font partie du peu de choses que Roseline a gardé de sa vie d'avant. Ce volume-là manquait à l'appel depuis le déménagement de la rue Guynemer.
Le livre à plat dans ses mains ouvertes, Roseline réalisa à quel point Patrick la connaissait.
– Alors ? Dis-moi que tu es contente. Tu sais, je le cherche depuis des jours. J'ai fait tous les bouquinistes des quais. Et d'ailleurs.
– Tu as su comment ?
– Comment ça, comment ?
– Oui, comment tu as su que ce livre me manquait ?
– Comme ça, je sais plus. Je le sais, c'est tout. Je ne vois pas où est le problème.
Mais si, là était le problème. Il en savait trop. Il se rapprochait trop.
– Je suis content de te faire plaisir. C'est tout.
Il savait intuitivement. Bientôt, il la regarderait et il verrait l'invisible. Alors, elle a paniqué. Impossible de dire exacte-

ment ce qui s'était passé, mais ça s'est passé. Les mots ont claqué, cogné les murs et rebondi dans les cœurs pour étouffer leurs gorges.
– Elle aurait pu être belle, notre histoire. Il suffisait seulement que tu me fasses un peu confiance. Puisque c'est ainsi, je préfère m'en aller.
Roseline ne l'avait pas retenu.
– C'est ton choix. C'est toi qui t'en vas.
Il s'était levé, dirigé vers la porte.
– C'est toi qui ne me retiens pas.
Et il était parti. Fin de l'histoire.

*

Maele se tient assise bien droite, les jambes serrées, l'arête de la chaise lui cisaille le pli des genoux. Ses pieds croisés balayent le carrelage à damier noir et blanc. Le frottement des semelles rythme le temps.
Les deux coudes posés sur le formica jaune de la table de sa cuisine, elle fixe l'objet plus petit qu'un cahier d'écolier, les coins de carton épais écornés, les couleurs fanées et la serrure si brillante : son journal. Celui de ses quinze ans. C'est oncle Charles, son parrain, qui le lui avait offert à son anniversaire.
– À ton âge, on a des secrets… bien secrets, lui avait-il dit d'un sourire entendu. Tu pourras les confier au papier.
Face à la moue dubitative de sa filleule, oncle Charles avait insisté.
– Essaye, les mots pourraient te surprendre. Essaye, Maele.
L'un des talents de Maele est cette faculté particulière de sentir

l'importance d'un moment, d'une parole ou d'un geste. Une perception innée qu'elle écoute sans réfléchir, sans même en avoir vraiment conscience. Elle suivit donc ce conseil et se prit au jeu. La petite clef dorée suspendue à sa chaîne ne quittait plus son cou et ce journal fut son confident durant plusieurs mois.

Les souvenirs se dessinent dans le demi-jour. Elle se revoit enfouie dans les billes de polystyrène de son pouf poire turquoise, enroulée dans sa couette, les genoux sous le menton et la lumière douce de la table de nuit pour seul éclairage. Son crayon qui courait sur la page blanche réveillant des éclats de rire, de désespoir, gondolant le papier de larmes ou de ratures.

Maele hésite à ouvrir ce sésame. C'est elle qui, avec insistance, quémande le droit à avancer, à mettre un terme à ces retours constants sur les traces du passé. Là, cet hier fait une nouvelle apparition, sous une nouvelle forme. Maele n'a qu'une envie, y plonger. Qu'une inquiétude, y plonger.

Comment se sortir de cette mélasse ? Et puis, comment crocheter ce journal ? La clef s'est perdue. Elle n'est pas dans la boîte avec les autres reliques.

Maele tend le bras et ouvre un tiroir.

La micro-serrure se montre récalcitrante. Elle résiste aux dents de la fourchette, à la pointe du couteau et à celle des brochettes. À la réflexion, l'armement est peut-être démesuré face à la simplicité du système de fermeture. Maele fouille, trouve. C'est une pique à olives avec sa petite boule verte qui vient à bout de l'entêtée. Le journal est prêt à se réveiller.

Il s'ouvre au hasard.

5 avril 2003
Lily est une grosse conne !

Maele éclate de rire. Ça commence bien, ce retour en arrière. Pourquoi ces mots sur Lily, sa meilleure amie depuis le collège ?

Elle a acheté le même jean que moi et elle a le culot de dire que c'est elle qui l'a acheté la première !
Lily est une grosse conne menteuse ! Elle verra, demain !
J'ai eu 16 en dessin. C'est super génial. Maman dit que ce n'est pas ça qui me fera vivre plus tard et que je devrais mettre les bouchées doubles en maths. Beurk, les maths !

Pour les maths, Maele est toujours dans le même état d'esprit. C'est beurk pour la vie entière. Pour le dessin aussi. Mais ce jean, qu'avait-il de si particulier ? Elle aurait voulu demander à Lily. Dommage.

14 avril 2003
J'ai mal au ventre. Les œufs d'oncle Charles et tante Alice sont trop bons. J'ai trop mangé de chocolat. Du noir et du praliné. Comme j'aime.
Clément est revenu d'Égypte pour six mois. Le temps de rendre son mémoire. Je suis trop contente. Maman, je n'en parle même pas… Son bébé chéri est de retour au bercail. Elle plane à 10 000 km d'altitude ! Je crois que je pourrais faire toutes les conneries du monde qu'elle ne verrait rien du tout.
J'aime quand Clément est là. La vie a un autre goût.

La jeune fille claque la langue contre son palais. Ce goût, ça fait plus de cinq ans qu'elle le recherche. Les larmes ne sont pas loin. Elles sont si près que Maele préfère revenir quelques pages en arrière.

25 janvier 2003
Super journée.
D'abord, grasse mat' jusqu'à midi. Maman avait acheté des pains aux raisins trop bons. Et puis Lily est passée me chercher. On est allées au cinéma voir le nouveau 101 dalmatiens. *Elle est extra, la Cruella ! J'adore ses cheveux ! Après, Lily et moi, on a fait les boutiques. Il s'est mis à neiger. On a déliré toutes les deux. La neige, c'est top. Quand tout est blanc, tout est propre et le bruit se repose. Mais il n'est tombé que trois flocons. Dommage. Lily a acheté un pull et un jean à* La City. *Moi, j'ai trouvé une boutique géniale de fringues genre années soixante-dix baba cool. J'adore ! Mais c'est vachement cher, ces fringues. Mais j'adore ! Je me suis quand même acheté un sarouel noir et un gilet arc-en-ciel. Je suis trop contente ! Maman va halluciner, mais je m'en fous. J'y retournerai, à cette boutique. Y'a trop de trucs géniaux. Y'avait un bob rasta et un sac besace vachement chouettes. Après, on a retrouvé Sylvain, Martin, Candice et Margaux. On s'est fait un* MacDo *et puis je suis rentrée.*
Super journée !

26 janvier 2003
Consternation ! Délire ! Maman n'a rien dit sur mes nouvelles fringues ! Je crois même qu'elle aime.
Sinon, rien de spécial. Je suis restée sous la polaire à squatter le canapé et la télécommande, Néfi roulée à mes pieds. Clément lui manque. Il est reparti en Égypte depuis quinze jours.

Maele est submergée, bousculée.
La nuit a tiré son rideau sur la ville. Dans le halo des lampadaires qui s'invite par la fenêtre, la jeune fille se prépare une tisane. Elle grelotte alors que, dehors, le printemps pointe ses bourgeons.
Le bol fumant qui chauffe ses mains, son journal coincé sous l'aisselle, Maele se réfugie dans son lit. Elle boit à petites gorgées le tilleul-menthe qui brûle son palais. Un voile de vapeur se pose sur ses lunettes, gênant la lecture. Elle attend qu'il s'estompe, porte la tasse à ses lèvres, souffle et brouille à nouveau les pages.

Quand le soleil pointe à l'horizon et que Paris sort de sa torpeur, l'appartement résonne de son silence. Maele dort. Les lunettes, toujours sur son nez, ont pris un air penché. Le journal est ouvert, bien à plat sous sa main.

Jeudi 12 février 2004
Clément est mort.

La jeune fille s'agite dans son sommeil. La main se lève pour chasser une mouche invisible. Derrière ce message de trois mots, les pages définitivement blanches tourbillonnent et le carnet se referme. Les lunettes tombent, silencieuses, sur le lit. Le bruit de la ville ne franchit pas les paupières lourdes.

La matinée passe. Midi sonne à l'église Saint-Eustache quand Maele émerge. Elle secoue son bras chatouillé de fourmis invasives. Les plis de l'oreiller sont incrustés dans la peau de sa joue et ses yeux gonflés peinent à se décoller. Un poids la cloue sur son matelas, oppresse sa poitrine. Chaque geste demande un effort démesuré. Est-ce trop ou pas assez de sommeil ? Quelle heure était-il quand la pression des mots est devenue trop forte et que son regard s'est fermé ? Seule certitude, elle doit appeler sa mère.

Une bonne heure, des torrents de thé vert et quelques cigarettes lui sont nécessaires avant d'être certaine de son élocution.

– Maman, c'est moi… Oui, bonjour. Tu fais quelque chose aujourd'hui ?… Non !… Chouette… C'est pas ce que je voulais dire, j'ai dit chouette parce que comme ça, on peut se voir… Si, j'en ai envie… Si… Si, je te dis… Non, aux Halles, au *Père tranquille*… Le café qui fait l'angle, tu vois… Oui… J'ai un truc à te montrer… Une surprise… Non, une bonne. Enfin, pas une mauvaise. Un truc sympa, quoi… Quinze heures, ça te va ?… À tout de suite.

*

Maele retrouve Roseline, attablée en terrasse du café, dans l'odeur des marrons et des pralines cuits aux braseros.

– Je sais, je suis en retard. Pardon, pardon, pardon. Fais pas la gueule, supplie-t-elle en déposant un bisou sur la joue de sa mère.

– J'ai rien dit. Je ne fais pas la gueule.

– Tant mieux !

– Tu veux boire quelque chose ? Ou manger ? J'ai l'impression que tu sors du lit, toi.

Sur la pommette de sa fille, Roseline caresse la marque des draps, imperceptible pour un œil extérieur.

– Non, rien, répond Maele. Et toi, tu as fini ? Oui ? Allez, viens.
– On va où ?
– Surprise !

« Consternation ! Délire ! Maman n'a rien dit sur mes nouvelles fringues ! Je crois même qu'elle aime. »
Quand, hier soir, Maele avait lu ce passage, tout un morceau de son passé avait rebondi en elle.

À l'époque, elle était retournée seule à la fameuse boutique baba cool. Les prix pratiqués ne permettaient pas de satisfaire ses désirs. Son argent de poche payait à peine les trous d'une ceinture. Et Maele voulait toute la ceinture. Et tout le reste. Alors, sans méchanceté aucune ni plan bien pensé, la gentille petite fille, celle qui trottinait dans l'automne, de rose et de prune vêtue, avait muté. Elle se souvient bien de la tempête qui l'avait fouettée. Elle ne maîtrisait plus rien. Ni son corps et surtout pas son esprit parti dans un délire qui consistait à convaincre sa mère de l'utilité absolue des ceintures. En privé ou en public, elle lui avait joué tout le répertoire de l'adolescente en détresse, insensible à l'agacement, voire au désespoir, qui déformait le visage de Roseline. Comment avait-elle pu lui infliger ça ? Comment avait-elle pu passer du statut de beau bébé rose à cette créature machiavélique ? Pauvre maman qui n'avait rien cédé aux scènes répétées à l'excès. Ses tempes en gardent des craquelures. Quelques plis s'étaient ajoutés aux contours de ses lèvres. Plus Maele criait à l'injustice, plus sa mère s'étiolait et plus le combat l'épuisait. Mille fois Roseline faillit déposer les armes, mille fois elle reprit son courage. Quand elle se sentait mollir, elle se cachait dans sa chambre. Sa tristesse déchirait la porte, se répandait sans bruit dans la plus grande indifférence de sa fille.

Deux lignes ! Ces deux lignes, écrites sur son journal d'une main immature, avaient suffi à ressusciter cette période peu glorieuse et serré un nœud coupable dans la gorge de Maele. Combien de temps avait-il duré, ce conflit ? Trop longtemps, bien sûr. Était-il terminé même ? Pas sûr.

Des jours durant, Maele était restée sourde aux suggestions de sa mère qui l'incitait à gagner son argent : l'immeuble plein de jeunes parents en recherche de garde d'enfants, de personnes âgées prêtes à monnayer une aide-ménagère. Butée, en sale gosse, elle avait résisté. Si les termes exacts ne lui reviennent pas en mémoire, elle ressent encore la violence de ses propos lorsque sa mère, de retour de l'épicerie voisine, l'avait informée que le patron cherchait une caissière pour le dimanche matin. Situé entre l'odieux et le lamentable, son discours sur ce travail jugé dégradant avait sorti Clément de son silence. À la demande expresse de leur mère, il s'était tenu à l'écart jusque-là. Ça, Maele l'avait appris plus tard. Jugeant que sa sœur allait trop loin, il était intervenu. Il lui avait suggéré de regarder au-delà de son ego caractériel et l'avait vexée en la traitant de « loquedue ». Si elle en ignorait le sens, elle avait bien compris que ce n'était pas un compliment. Quelques éclats de voix aux accents graves furent échangés. Maele s'était trouvée seule face à sa mère, à son frère et à l'obligation de grandir. La leçon fut rude. La jeune fille n'avait eu d'autres solutions que celle de baby-sitter quelques heures par semaine. « Au détri-

ment de ma vie sociale », se plaisait-elle à souligner, ou plutôt à rechigner selon Clément qui l'avait complètement lâchée sur ce coup-là. En ce temps-là, c'est ce que pensait Maele. Elle n'avait pas compris pourquoi son frère avait choisi le camp ennemi et lui avait refusé un peu d'argent.
Elle lui en avait voulu. Trop. Au-delà du raisonnable. Même quand, gains en poche, elle avait franchi le pas de la boutique et fait ses achats. Même quand la ceinture et ses trous s'étaient enroulés autour de sa taille, que le sac besace s'était pendu à son cou et que les copines l'avaient rendue fière par leur jalousie, même à ces moments-là, elle lui en avait encore voulu. Elle avait fini par exclure Clément de sa vie jusqu'à son premier départ en Égypte. Il était parti sans un signe de sa part. Elle avait ignoré ses lettres, ses cartes postales. Avait repoussé le téléphone. Une gamine capricieuse…

La nuit dernière, Maele a réalisé à quel point elle avait été invivable.
Aujourd'hui, ces souvenirs la taraudent tout en traversant la rue Saint-Denis au bras de sa mère qui, elle, s'interroge sur la surprise. Elle se méfie des surprises de Maele. Toutes les deux n'accordent pas le même sens à ce mot et à ses effets.
– Voilà, on y est !
Roseline effectue un cent quatre-vingts degrés parfait autour du feu rouge. Son regard en faisceau de phare a bien visualisé l'espace. Et, rien. Elle ne voit rien de particulier.
– Oui… et… on y est, où ?
– Là ! crie Maele.
Toute guillerette, elle se précipite dans un labyrinthe de portants multicolores qui squattent le trottoir.

– Regarde, ce n'est pas génial, ça ! Viens !
Roseline reste scotchée au goudron. La surprise est vraiment une surprise. Pourquoi sa fille l'a entraînée ici ? Dans quel but ?
– Viens, maman ! Y'a plein de trucs extras !
– Je peux savoir ce que je fais là ?
– Tu ne te rappelles pas ?
– Là, comme ça, je vois pas, non.
La fille attrape la main de sa mère qui résiste un peu, puis cède. Collée à la vitrine douteuse et flanquée d'une garde-robe bigarrée parfumée de naphtaline, Maele raconte et retrace l'histoire sans se faire de cadeau.
Maele est si dure avec elle.
Roseline tente de la rassurer : il est vrai que cette crise avait été compliquée à gérer mais loin d'être dramatique. D'ailleurs, tout avait été oublié quand elle était rentrée de sa fameuse boutique. Dès qu'elle avait vu Maele accoutrée de ces vêtements décalés qui lui allaient bien, son cœur de maman avait craqué. C'était tellement elle ! Radieuse, Maele affirmait enfin sa singularité, sa fantaisie. Ce style, certes peu conventionnel, criait à l'indépendance. Cependant, l'indépendance a un prix et c'est ce prix que sa fille avait découvert dans ce bras de fer.
Mais Maele s'en veut au point d'en oublier les moments heureux de cet épisode du passé. Alors, Roseline s'empresse d'évoquer ses souvenirs à elle : ce conflit leur avait aussi donné des joies.

Tard dans une soirée, Maele était rentrée après cinq heures de baby-sitting. Roseline ne dormait pas. Les heures avaient

coulé toutes seules tandis qu'elle se plongeait dans de vieilles photos.
Maele affichait sa mine boudeuse. Celle qui ne la quittait guère depuis le début du litige familial. La mine boudeuse s'accompagnait d'un ton ronchon. Au nom de la paix du soir, Roseline avait opté pour la politique des trois singes de la sagesse : « Ne rien voir de mal, ne rien entendre de mal, ne rien dire de mal. » Selon la légende, à celui qui suit cette maxime, il n'arrivera que du bien. Alors, quand sa fille s'était allongée à ses côtés, sa jolie petite bouche prête à mordre, elle lui avait souri, sans se détourner de l'album. Deux minutes avaient suffi à la curiosité pour vaincre la rancune et pour poser la tête de Maele sur l'épaule maternelle. Ses traits s'étaient adoucis en voyant les clichés qui remontaient la pendule jusqu'à la jeunesse de Roseline.
– C'est toi, ça ?
Ça, c'était une longue perche aux cheveux filasse et à l'habillement improbable.
– Quelle dégaine !
– Comme tu dis.
– C'était quand ?
– Après mai 1968. J'avais treize ans. Quatorze, peut-être.
– Treize ans ! Raconte.
Roseline se souvient de cet agréable partage avec Maele roulée dans sa chaleur. Elle avait raconté et cru bon d'apporter quelques précisions historiques sur l'époque en question.
Maele et sa génération ont vu se pencher sur leur berceau les fées de l'informatique, du numérique et des hautes technologies. Difficile, quand on a quinze ans en 2003, d'imaginer les téléphones à cadran rond, la télévision en noir et blanc à chaîne unique et les 45 tours avec leur face B.

À l'époque en question, celle où la photo avait été prise, la gare Montparnasse en démolition prêtait ses pavés aux étudiants révoltés. Le quartier avait été une des scènes favorites du théâtre soixante-huitard et Polnareff allait montrer ses fesses à tout Paris.

– Qui ?

Roseline avait accusé le coup sans sourciller : sa fille ignorait l'existence même de ce chanteur. Elle avait réparé cette lacune et continué l'histoire.

À cet âge-là, Roseline avait une meilleure amie dont la mère vivait avec un Afghan qui retournait régulièrement dans son pays. D'Afghanistan, le beau-père de sa copine ramenait des produits typiques. Grâce à lui, Roseline fut l'une des premières à porter ces vestes en peau de bouc qui empestaient la charogne.

– Eh ben, il devait être joyeux, bon-papa! avait pouffé Maele.

– Joyeux comme un âne mort!

Il est vrai que l'arrivée de son nouveau look avait plombé l'ambiance à la maison, mais la jeune Rosy s'en moquait bien. Elle déambulait, de sa chambre au lycée, traînant ses Clarks, ses jeans déchirés et ses tee-shirts psychédéliques, sans rien entendre des reproches paternels et des soupirs maternels. Yé-yé dans l'âme, elle écoutait « SLC » (« Salut Les Copains ») en claquant la tête de sa petite sœur qui se pinçait le nez en la croisant.

Maele avait été consternée et ravie de découvrir cette autre maman.

Ce soir-là, elles avaient établi une connexion. Le lendemain, Maele avait entraîné sa mère dans sa boutique si géniale.

– Tu te souviens, maintenant. On avait passé une journée un peu folle.
– C'est vrai, je me souviens.
– J'étais une vraie conne.
– Tu n'as pas à t'en vouloir. L'adolescence est un mal joli et nécessaire qui pousse les enfants vers l'inconnu : le monde des grands. Ils en rêvent, mais ça les terrifie. C'est dur pour eux. C'est dur pour les parents. C'est comme ça.
– Oui, mais Clément, je ne lui ai jamais demandé pardon, à lui.
– Bien sûr que si. Mille fois. Dans tes gestes, avec tes sourires. Vous n'êtes pas restés fâchés, que je sache.
– Non.
– Il est revenu, tu lui as sauté au cou et lui au tien. Ça a suffi.
– Oui, mais…
– Il t'aimait.
Maele renifle un peu trop fort.
– Arrête ! C'est ni le lieu ni le moment.
…
– Alors, on y entre, dans ton souk ?
Main dans la main, elles partent à l'assaut de la caverne, escaladent des échafaudages de bimbeloterie criarde, respirent encens et bougies, essayent saris et sarouels, vestes et ponchos, avant de repartir les mains vides et le cœur entier. Roseline, ravie de voir que les goûts vestimentaires de sa fille ont évolué. Maele, réconciliée avec elle-même.

Avant de repartir chacune de leur côté, elles conviennent d'aller ensemble, le lendemain, sur la tombe de Clément.

Toutes les deux, elles tenteront de découvrir le secret de cette plaque.

*

De retour chez elle, Roseline se fait couler un bain. Mousse et musique calmeront la douleur lancinante qui martèle ses tympans. Quelques minutes plus tard, elle glisse dans un nuage parfumé de vanille, une serviette roulée sous la nuque, un gant humide et frais sur les yeux. Apaisé par les accords du Concerto n° 2 de Chopin, son esprit divague.
Elle pense que le vocabulaire français manque de mots. Quand on perd un parent, on est orphelin. Quand on perd un conjoint, on devient un veuf ou une veuve. Ça, Roseline le sait. Mais il n'existe aucun mot pour la perte d'un enfant. Personne n'a su trouver le mot assez puissant pour expliquer tout le poids du vide qui vous habite. Quand on perd un enfant, on est rien. Tout juste bon à pleurer dans son bain, des litres de larmes salées dans des litres d'eau douce. Des larmes qui font des trous dans la mousse comme autant de puits creusés par des puces de sable sur la plage. Des larmes à dissoudre les rêves comme un sucre qui fond dans le café. Des tonnes de larmes pour aller vers nulle part. Nulle part, c'est où ?
Son esprit s'évade.
Elle pense à son départ pour l'Égypte. Maele et Aurélien ne doivent rien savoir. Elle doit s'enfuir, faire ce voyage seule et ne revenir qu'une fois reconstruite. Roseline sait que, sous cette apparence nouvelle, la cicatrice sera factice. Certains souvenirs sont immortels. Ils vous piquent au coin d'une rue

sous l'apparence d'une silhouette, ils vous aiguillonnent au son d'une voix dans la foule. Mais elle devra vivre avec ce chagrin jamais éteint et recevoir les petits bonheurs comme des antidotes providentiels. Elle devra apprendre à prononcer ce prénom sans avoir peur de redire l'absence, de réveiller la souffrance. Elle le doit à son fils. Et à Maele.
En Égypte, elle récupérera ses rêves un jour déposés. Cette jeune femme est la clef. Elle le sent. Elle le souhaite.
Son esprit fléchit. Elle pense et s'endort.

2e PARTIE

La décision de partir prise, il faut s'occuper des bagages. La chose en soi est banale, à la portée de tous. Pour Roseline, c'est un défi.

À la naissance de Clément, elle avait élaboré un plan de bataille bien huilé. Elle l'avait amélioré au fur et à mesure des expériences vécues. Un bébé ne voyage pas tout seul. Il lui faut une foultitude de choses essentielles à sa survie. Roseline prévoyait tout dans les moindres détails. À la naissance de Maele, l'ordonnancement était proche de la perfection. Un canevas brodé avec méthode. On ne sait jamais... avec des enfants... au cas où...

Le baroud débutait trois, voire quatre semaines avant le départ.

Un jour, le canapé du bureau devenait inaccessible. Puis les fauteuils, le dessus de la commode, celui de la cheminée... Les enfants devaient s'asseoir par terre pour regarder la télévision. Ce qui en soit n'était guère bouleversant! Roseline faisait des tas. Des tas pour chaque membre de la famille. Des tas de vêtements qu'il était « *interdit!* » d'utiliser sans son accord. Ces tas évoluaient suivant la température extérieure, la météo intérieure, les besoins vestimentaires de chacun ou leurs envies soudaines. Ils se modifiaient au gré des réflexions, des hésitations, des coups de cœur de Roseline. Et puis, un soir ou un matin, tous les tas disparaissaient dans les valises et « plus question d'y toucher ».

En parallèle de cette activité, Roseline établissait des listes. Et la première de toutes, la liste de toutes les listes.

La liste des choses à faire avant de partir. Arroser les plantes, nettoyer le frigo, vider la panière de linge sale et finir le repassage, trier l'amas de papiers entassés depuis des jours. Au cas où… Un imprévu… On ne sait jamais…

Puis celle pour la pharmacie et celle pour la parapharmacie (un ou plusieurs produits pouvaient se retrouver dans les deux listes). L'inventaire variait suivant la destination des vacances. Il évoluait aussi avec l'âge des enfants. Ces listes étaient généralement longues. Même si le voyage ne dépassait pas les frontières, Roseline prévoyait. Au cas où… Avec les enfants… On ne sait jamais…

Il y avait la liste pour les bricoles, lunettes de soleil ou de ski, adresses pour cartes postales, sacs de plage ou sacs à dos, pelles, râteaux, cannes à pêche ou raquettes. Pour les séjours en location, Roseline ajoutait une autre liste à cette liste. Une liste « bis » pour les draps, les serviettes de bains et celles de plage. Et une « ter » pour l'alimentaire qui listait un stock permettant de tenir plusieurs jours sans faire de courses. Pas question de pousser un caddie à peine arrivée sur le lieu de vacances. D'où une épicerie dans le coffre.

Une semaine avant le départ, tout était bouclé. Roseline pouvait se consacrer à la liste « des choses à faire avant de partir »,

à réfléchir à ce qu'elle aurait pu oublier et à rédiger la dernière liste. Celle pour l'appartement qu'on laisse en partant.
Si les autres listes n'ont pas beaucoup changé au fil du temps, celle-ci a pris de l'importance. Il ne s'agit plus uniquement d'entasser le courrier ou de vérifier le congélateur, la charge est plus lourde. Elle concerne Néfi. Ces recommandations-là sont faites pour Maele ou Aurélien. Parfois pour la gardienne de l'immeuble. Toujours les mêmes qui connaissent par cœur le mode d'emploi. Roseline le pose en évidence sur le monticule de boîtes de pâtée pour chat à côté du paquet de cinq kilos de croquettes. La liste stipule qu'il faut changer l'eau de Néfi tous les jours ; le soir, lui donner sa pâtée (veiller à alterner les saveurs) ; le matin, une poignée de croquettes. Pas trop. Si besoin, utiliser le gobelet de mesure dans le sac. Graduation à cinquante. Pas plus. Vérifier qu'il reste de l'eau (une deuxième fois), les croquettes donnant soif. Si le temps le permet, ouvrir la fenêtre de la cuisine, que Néfi puisse prendre l'air. Penser à lui parler. Jouer avec elle. Surveiller son poil, son moral, ses besoins. Sur la ligne suivante, écrit en gros et rouge, le téléphone du docteur Rousse, son adresse, et les urgences véto. À côté, elle n'aura pas oublié de joindre le carnet de santé et la boîte de transport… Au cas où… Mais vous m'appelez si… Il n'y a pas de raison, mais… On ne sait jamais…
Pour les plantes, les recommandations sont plus succinctes. Sauf pour le palmier miniaturisé du balcon sud. « Palmier doum » directement importé d'Égypte, directement hérité de Clément. Il faut surveiller son taux d'humidité, l'ensoleillement, le vaporiser à la Volvic chaque soir pour le laver de la pollution parisienne. Le ficus au tronc noueux, la fougère

aux feuilles frondeuses et les géraniums d'été ne nécessitent que des soins modérés.
Suivent les coordonnées du lieu de séjour. Adresse, numéro de téléphone de l'hôtel, de l'agence de voyage (au cas où on ne pourrait joindre l'hôtel), quelquefois, celui du consulat ou de l'ambassade. Son numéro de portable. L'opérateur a été prévenu du pays, des dates de départ et de retour. En prenant une marge de deux jours. Au cas où… On ne sait jamais… Si on était bloqué à l'aéroport… Au dernier moment, Roseline ajoutera les numéros de vol, horaires et compagnie aérienne.

Cette nuit, par Internet, Roseline a réservé son avion et son hôtel en une heure. Fait son sac en deux.
Finie l'époque où valises, paquets et divers balluchons s'entassaient dans l'entrée du bel appartement de la rue Guynemer. Fini l'âge d'or des enfants complices de leur père tétanisé devant cet amas grandissant. C'était l'âge des albums du Père Castor. De Rosy la tortue qui voulait parcourir le monde, sa carapace pour tout bagage. Son mari, Pierre, avait vite fait la liaison avec Roseline, pour la plus grande joie des enfants.

Carapace, carapace
Rosy trotte menu
Carapace, carapace
Rosy a tout prévu.

À tue-tête, à vous prendre la tête, Clément, Maele et leur père chantaient la comptine au premier préparatif des vacances.

De la tradition des listes, seule la dernière avait survécu. Mais

là, vite fait, sur un coin de table, Roseline gribouille ses instructions sur un post-it. Il reste quelques sachets de pâtée et un fond de croquettes. Suffisamment pour deux ou trois jours. Elle laisse deux billets de vingt euros sur le comptoir de la cuisine, de quoi acheter ce qui manquera.
Une caresse appuyée sur l'échine de Néfi, des mots murmurés dans son cou, un message sur le portable de Maele, et celui glissé dans la boîte aux lettres d'Aurélien. Et puis voilà.
Au fond de sa poche, une photo de Clément. Une photo qu'hier encore elle ne connaissait pas.

La veille au soir, à peine sortie du bain, Roseline a entamé le marathon valises, petits mots de recommandations et recherche de départ immédiat, quand son ordinateur l'avertit de l'arrivée d'un nouveau message. Un clic a suffi pour l'afficher. Il était de Maele.
« Maman, j'ai ouvert la clef USB. Elle contient le rapport du dernier stage de Clément et quelques photos. Je t'en envoie une en fichier joint. Il se pourrait que Clément nous ait caché des choses. On a passé un super après midi ! Faudra recommencer. On se voit demain. Bises bisous. »
Un autre clic a arraché un cri à Roseline. En 17 pouces, sur son écran plat, son fils la regardait. Magnifique dans la lumière d'Égypte. Rayonnant comme l'Orient. Lui en pixels, elle en réelle, ils se souriaient. Dialoguaient sans mots. Sanglotaient sans eau. L'air de la chambre a changé de parfum. Il s'est rempli de l'odeur de Clément. Réveillée, Néfi a levé la truffe au plafond, hésité entre miaulement et ronronnement. Elle a malmené les coussins tandis que, du bout de ses doigts, Roseline caressait l'écran froid. Sa main tremblait en

ébouriffant les cheveux bouclés. Elle n'a pas oublié comme ils étaient fins. D'un geste plus sûr, elle a effleuré la tempe où la cicatrice chiffonnait le velours de la peau et s'est attardée sur la barbe naissante. Et puis, l'inaperçu devint visible et gagna son champ de vision. Elle la vit. Elle, à l'étrange beauté asiatique de ses ancêtres égyptiens, debout, collée à son Clément. Lui, l'enveloppant de ses bras protecteurs. Il y avait dans ses yeux un éclat inconnu de Roseline. Le regard de l'enfant devenu autre. Le regard d'un fils qui redonne confiance à sa mère et lui dit tout l'amour qu'il a de la vie.

Roseline ignore la date de cette photo, mais elle a bien reconnu l'allée des sphinx du temple de Karnak à Louxor.

Le carrelage du porche cliquette sous les talons alourdis par le poids de la valise. Un rayon de lumière passe sous la porte de la loge. La nouvelle concierge s'installe. À quelques centimètres du sol, une voiture miniature bleue avec un gyrophare rouge écarte le rideau. Dans l'ouverture, auréolée de buée, une bouille aplatie la regarde. Les roues de caoutchouc ripent sur le carreau. L'enfant sourit. Ses yeux noirs fatigués éclairent ceux de Roseline. Clément enfant frappe en boomerang dans ce visage inconnu. Certains vers d'un poème, lu quelque part, reviennent à sa mémoire :
Laisse la larme pleurer ta peine et ta douleur
Laisse la larme laver la souffrance de ton cœur
Laisse la larme jaillir
Sépare-toi de trop de souvenirs.
Comment peut-on avoir trop de souvenirs ? Et cette expression : « se séparer de ses souvenirs ». Quelle blague. Comment

quitte-t-on un souvenir ? Les objets, Roseline en a accepté l'idée. Mais les souvenirs, ils survivent au-delà de tout et reviennent sans honte vous griffer l'âme, à l'image de ce regard d'enfant derrière son carreau.
Elle lui sourit et pose son index sur sa bouche en signe de silence. Le garçon l'imite et secoue sa main potelée tandis qu'elle s'éloigne sur la pointe des pieds. Avant de refermer la porte, elle jette un rapide coup d'œil en arrière. En ombre chinoise, une silhouette féminine se penche et attrape le petit. Ne formant plus qu'un, ils s'évanouissent dans l'ombre. Roseline a eu le temps d'apercevoir les longs cheveux qui dansent dans le dos et l'enfant endormant sa tête dans le cou maternel.
Il est quatre heures du matin. Le taxi attend devant le porche. Il a suffi d'une nuit à Roseline pour organiser son départ. Un record. Prochaine étape : Louxor.

*

Roseline n'aime pas l'avion. Même la kyrielle d'antidépresseurs qu'elle avale chaque jour depuis des années ne parvient pas à calmer cette terreur de quitter le sol. Alors, elle sait que, quand Maele allumera son portable, quand elle entendra le bref message de sa mère, quand enfin elle comprendra, elle ne retiendra pas son rire. L'idée de savoir sa mère seule à 30 000 pieds dans les nuages, ligotée à son siège, martyrisant les accoudoirs et son voisin de voyage, suffira à lui faire oublier un instant l'énormité de la chose.
« Maman en voyage, c'est des nuits de cauchemars dans la semaine qui précède le départ. Des tonnes de trouille qu'elle

trimbale derrière, sur, sous, en elle. Et le décollage ! Et l'atterrissage ! De qui va-t-elle broyer la main ? Et ses listes "au cas où, on ne sait jamais" ! Comment a-t-elle pu partir si vite ! Sans rien me dire. Et Néfi ! »

À bien y réfléchir, il n'y a rien de drôle dans cette histoire.

Maele en laissera tomber ses projets pour la journée et filera chez sa mère. En chemin, elle s'arrêtera chez Aurélien pour l'informer de la dernière folie de Roseline.

Le temps de traverser la cour, d'une cigarette fumée, cachée au coin du porche, Maele monte, hésitante, jusqu'au premier palier. Elle prend un instant pour s'asseoir sur la dernière marche de l'escalier de bois.

Comment le dire à Aurélien ?

Aurélien l'a vue. Habillé du voile de ses rideaux blancs, Aurélien a vu les volutes de fumée de la cigarette et les pas raclant les pavés de la cour. Il a compté chaque marche martyrisée, entendu le parquet du palier grincer et a senti le trouble de Maele venir jusqu'à lui.

Que fait-elle chez Roseline à une heure aussi matinale ? Que se passe-t-il pour la mettre dans cet état ?

Appuyé sur sa canne, silencieux dans son entrée, Aurélien attend que Maele se manifeste. Le coup de sonnette est timide. Le vieil homme laisse passer quelques secondes, frotte ses pantoufles sur le plancher et ouvre la porte. Maele entre, le tourment accroché à ses semelles, un faux sourire aux lèvres.

– Bonjour, Georgy. Pas encore sorti, ce matin ?

Aurélien regarde la grosse horloge.

– Je n'ai rien d'urgent à faire. Tu as soif ?

– Mouais… du thé, *please*, Georgy.
Il ne dit pas qu'il a vu.
Maele se réfugie dans le canapé de velours râpé. Aurélien se tient assis droit dans un fauteuil Voltaire encore plus fatigué. Il attend. Il sait que le silence est une introduction à la conversation. Que son poids donne le ton. Et celui-ci pèse moins lourd qu'il n'était redouté. Certes, la petite semble préoccupée mais reste calme. Aucun signe de colère. Pas d'œil humide ni de nez rouge. Elle boit en petites gorgées régulières. Ses mains jouent avec le pompon d'un coussin. Son regard se perd dans les coins et recoins de la pièce sans jamais croiser celui d'Aurélien. Elle a la mine plus tracassée que gênée. Pas bon signe.
En fait, elle réfléchit. Elle tourne et retourne ses neurones en quête des mots adéquats. Des mots doux mais qui disent les choses. Elle doit être honnête sans être brusque. Sa bouche s'ouvre, prête à les lâcher, mais les mots ne sortent pas. Elle essaye encore. Et encore. Rien.
Aurélien sourit sans froisser une ride. Sous ses yeux, Maele se métamorphose. Elle frétille comme une anguille en apnée. Ses lèvres appellent, son cou se tend, l'œil s'éveille, la bouche s'arrondit et… rien, elle gobe l'air. Embourbés dans sa gorge, les mots ne passent pas. Maele se coule dans le canapé défoncé. Le pompon du coussin ne résistera plus longtemps à la torture infligée.
Qu'a-t-elle de si difficile à lui dire ? Quelque chose qui n'a aucun rapport avec sa mère, sinon, elle serait en train de ronchonner. Ou se plaindre. Ou pleurer. Là, Maele est anormalement silencieuse, et calme à faire peur. Aurélien réfléchit aussi. Il réfléchit à la manière de couper ce silence sans…

Ça y est, le pompon a lâché. Il vient chatouiller le nez de Maele.
– Désolée. Je voulais pas le casser.
La pampille balance ses fils dans un souffle d'air.
– Décousu. Il est décousu, le pompon, pas cassé.
– Alors, c'est pas grave.
– Non, c'est pas grave.
Il se lève, attrape le pompon lancé à la volée et le coussin qui suit le même chemin.
– C'est qu'il est encore vaillant, notre Aurélien !
– Assez pour te botter les fesses avec ma canne si tu ne me dis pas ce que tu as sur le cœur.
Il ouvre la boîte de couture de sa Pauline.
– En fait, je voulais te dire… te dire que…
Maele bafouille. Ânonne des mots sans suite.
Ses lunettes perchées au bout du nez, les bras levés dans la lumière, le vieil homme plisse des yeux. L'aiguille et son chas si petit le narguent.
– Donne, je vais le faire.
Maele récupère le coussin, son pompon et tout le bazar. Le chas n'oppose aucune résistance à l'œil de la jeune fille. Unis dans l'effort, l'aiguille et le fil circulent du pompon au coussin, du coussin au pompon.
– Maman est partie.
Les mots sont lâchés et n'arrêtent plus de se déverser.
– Tu te rends compte, *partie* ! Comme ça, sans rien dire. Juste un message à la con sur mon portable. Tu la connais, Aurélien, elle est pas fichue de se débrouiller seule. Elle, en avion. Elle n'a jamais pris l'avion toute seule ! Roseline, phobies et compagnie sont en voyage ! Tu parles d'un programme, toi. Et

en Égypte, elle va faire comment, sans moi ! Elle parle pas trois mots d'anglais. Hier, on a passé l'après-midi ensemble, et rien. Elle me regardait droit dans les yeux ! Et moi, j'ai rien vu.
Aurélien accuse le coup. C'est donc ça qui couvait. Lui non plus n'a rien vu venir. Il savait ce voyage nécessaire. Il savait que Roseline l'envisageait de plus en plus sérieusement depuis sa visite au cimetière. Mais de là à partir en catimini, elle exagérait. Pour l'instant, il faut désamorcer Maele.
– Je plains son voisin de siège.
Cette petite phrase a le bonheur de la dynamiser.
– Tu as raison ! Il va regretter de n'avoir pas raté son vol, celui-là ! Je la vois bien, notre Rosy, en pleines respirations ventrales, la tête et le dos raides collés au fauteuil, les mains crispées sur les accoudoirs.
– Oui, et si le gars ose commenter la phase décollage.
– Oui… tu crois qu'elle osera lui dire, aimable comme un accordéon contrarié : « Arrêtez. Taisez-vous, je veux rien savoir, taisez-vous, ne dites rien… mais je vous dis de vous taire. » ?
– À la Balladur : « Je vous demande de vous arrêter. »
– Pour une fois, hoquette Maele, c'est pas ma main qui sera broyée ! Tu crois qu'elle lui demandera de tenir la sienne ?
Cet intervalle est une récréation. Maele et Aurélien rient de bon cœur.

*

Loin d'eux, par-delà les nuages, Roseline avale des litres de salive. Elle absorbe chaque mouvement, chaque changement de cap ou poussée verticale sans se douter de l'ambiance parisienne. À sa gauche, l'homme paraît sympathique. Il répond à ses mimiques inquiètes par des sourires rassurants. Il lui propose un chewing-gum, une mignonette de gin, le sac vomitif. Elle refuse tout d'un mouvement de tête, incapable qu'elle est de lâcher l'accoudoir. Une fois le couloir aérien atteint, ses muscles se détendent un à un, tout en restant en alerte. Sa bouche décrispée, évitant à son regard de prendre l'air par le hublot, Roseline se tourne vers son voisin, le remercie un peu trop et lui demande de façon appuyée d'avoir l'obligeance de baisser le volet. Apercevoir un bout de terre dans un trou du coton qui sert d'appui à l'avion lui est insupportable. L'homme s'exécute en oubliant un filet de ciel qui s'invite par le bas du hublot. Roseline n'insiste pas et, encouragée par la bonne volonté de son voisin, entame la conversation.

Quand Roseline est en panique, Roseline discourt sans retenue toujours dans le vain espoir que les mots en délire fassent taire ses malaises.

Théâtrale, elle redresse le menton, fixe son interlocuteur coincé contre la carlingue et avoue.

– Je ne suis pas une grande fan de l'avion.

L'homme répond par un sourire poli.

– Je pense que vous aviez compris tout seul.

L'homme incline la tête et hausse une épaule avec compassion. Roseline continue sans se soucier.

– Ce n'est pas comme ma fille. Elle aime les voyages et l'avion. Comme son frère. C'est de ma faute, j'ai laissé faire. Si vous saviez les horreurs qu'elle m'a fait vivre. Je me souviens quand elle est rentrée seule de son premier job d'été.

Tel le magicien et son chapeau, l'homme sort un masque de sommeil de sa poche.
– Elle avait tout juste seize ans. C'était un an après Clément.
Plus un coussin gonflable.
– Je me souviens… Je m'étais levée de bonne humeur. Maele rentrait ce jour-là. Pour la première fois, elle était restée seule une semaine sur la côte basque à vendre des chichis sur la plage. Une semaine qu'elle avait durement négociée. Une semaine longue comme une nuit sans sommeil pour moi. Elle devait prendre le bus pour l'aéroport de Biarritz. Le dimanche matin, il y en a peu, et rater celui de dix heures trente signifiait rater l'avion. Il n'en était pas question. J'ai donc décidé de l'appeler. Quelle idée ! Je sens encore le frisson qui m'a parcouru le dos à l'instant même où j'ai tapé sur les touches du téléphone.
Dans son fauteuil d'avion, elle revit ce moment avec la même intensité. L'angoisse est intacte. Hier, aujourd'hui, tout s'emmêle.

J'aurais dû m'abstenir. Il y avait cette alerte au plus profond de moi. À mille kilomètres, la sonnerie avait frappé le vide avant que n'éclate la voix : « Vous êtes bien sur le portable de Maele, pas joignable pour le moment. Après le bip, vous savez quoi faire. » Quoi ? Quoi faire ? Oui, je vous le demande, quoi faire quand on est à mille kilomètres ? Dans mon ventre, la boule avait grossi. Il était dix heures du matin, un dimanche de mois d'août. J'étais à Paris. Elle était dans le sud, si loin, seule et si jeune. Et son portable ne répondait pas. J'ai tapé et retapé la touche bis du téléphone, encore et encore. Et le répondeur, encore et encore. Mais moi, monsieur, je

ne voulais pas laisser de message. Moi, je voulais parler à ma fille qui avait son avion à prendre pour rentrer chez nous. Pourquoi avoir un portable ? Oui, pourquoi si on ne peut pas vous joindre ?
L'homme hoche la tête en soufflant dans son oreiller.
– Comprenez, monsieur, je devais la retrouver. J'avais l'impression de me noyer. Je réfléchissais, réfléchissais, en vain. Et ce message, toujours le même : « Vous êtes bien sur le portable de Maele… » Et puis, j'ai eu comme un flash. Une idée tout bête. Si bête que je me suis détestée de ne pas y avoir pensé plus tôt : la logeuse. J'allais lui téléphoner, et tant pis si c'était dimanche. Tant pis pour le dérangement, je ne pouvais pas rester à rien faire. Un vieux monsieur avait décroché. Je lui ai tout expliqué dans un résumé détaillé. Le brave homme ne saisissait pas tout. Alors, je crois que j'ai crié : « Frappez à sa porte. Dites-lui de m'appeler. Moi, sa mère. Je suis inquiète. Vite, s'il vous plaît, j'attends. » Il a fini par comprendre et il est parti voir. Je suis restée assise sur le pouf à boire de l'eau par litres. Maele n'était plus loin. Dans dix secondes, j'allais entendre sa voix et tout serait réparé. Accrochée au combiné, je bouillais. Mais c'est l'homme que j'ai entendu. Il avait frappé, toqué à la porte de la chambre. Il s'était permis d'ouvrir. Personne. La pièce était vide et la valise posée sur le lit pas défait. Ma tête a tourné. J'ai cru vomir.
Son voisin finit de gonfler son oreiller. De sa poche, il sort des boules Quiès qu'il malaxe de façon insistante.
– Je vous dérange ? Je suis sûre que je vous dérange un peu. Ne vous en faites pas, j'ai bientôt terminé. L'air était devenu glacé. Je ne sentais plus la canicule. Je crois avoir raccroché sans même remercier. Où Maele pouvait-elle être ? Je deve-

nais folle. Je laissais un énième message sur son portable : « Maele, c'est encore maman. Je m'inquiète. » Quelle idée de l'avoir laissée là-bas ? J'étais une mauvaise mère. D'abord Clément, et puis Maele. Que devais-je faire ? Prendre l'avion ? Descendre en voiture ? J'étais incapable de raisonner correctement. Et puis je me suis ressaisie. Je n'avais pas le droit de baisser les bras. Ma fille devait dîner la veille avec ses amis. Avec le beau Lucas qu'elle ne regardait pas comme les autres. Ils avaient programmé une virée en boîte. C'est là que le délire a commencé. Des images folles m'ont percutée. Celles des accidents qui avaient lieu tous les soirs. De ces jeunes qui roulaient comme des fous, de l'alcool qui faisait divaguer les voitures. Chaque été, on pleurait un nombre toujours trop grand d'accidentés graves, de morts trop tôt. Et ma Maele qui ne répondait pas. Je la voyais dans l'ambulance, à l'hôpital, à la morgue. La douleur était trop forte. J'ai hurlé : « Réponds, Maele ! Réponds-moi ! Tu n'as pas le droit ! Pas toi ! » Vous savez, monsieur, il n'y a pas de repos pour les mères estropiées.

Il a l'air ridicule avec son bandeau sur le front et le coussin en écharpe. Son menton tombe, sa bouche s'ouvre, elle semble vouloir exprimer quelque chose. Un « oh » ou un « ah » de compassion peut-être, mais aucun son ne sort.

– Qu'auriez-vous fait, vous ? Oui, quoi ? Mes jambes ne me portaient plus. Une certitude, je ne devais pas laisser la panique gagner. J'ai pratiqué la respiration yoga pour me calmer le cœur, aérer la tête, oxygéner les poumons, dans le but de me décrisper, et ainsi réfléchir, agir et faire. Il y a toujours quelque chose à faire. Sur l'inspiration, je me suis concentrée. Sur l'expiration, j'ai trouvé. J'ai attrapé le guide de l'Office du Tourisme du patelin où Maele se trouvait. Mes doigts ont couru sur les pages : *là*! Le centre de secours de la plage, où travaillait Lucas, qui ouvre à dix heures tous les matins. Il était dix heures dix. J'ai composé le numéro. Ça a sonné… sonné… Dans le répondeur… J'ai crié : « Non ! Pourquoi ? » Où était Lucas ? À l'hôpital ? À la morgue avec Maele ? Et si je m'étais trompée ? J'ai recomposé le numéro mais : « Le centre de secours est ouvert de dix heures à dix-sept heures tous les jours, et bla bla bla, et bla bla bla… » Il était dix heures treize. Les pages ont volé à la recherche d'une autre solution. J'ai pensé au club de voile, il n'ouvrait pas avant dix heures et demie. Au restaurant de la plage, impossible de me souvenir de son nom. La panique revenue, le brouillard total. Vous savez, monsieur, cette affreuse sensation de ne plus rien voir et d'étouffer en même temps.

Lui ne pense plus. Il cauchemarde éveillé.

– J'en étais là. Et, allez savoir pourquoi, je n'ai aucun doute en ce qui concerne l'heure. Il était dix heures quinze. Je continuais à feuilleter le guide. Les pages tournaient, se froissaient, se déchiraient. Quand la solution s'est écrite sous mes yeux en gros, en capitales : « CASERNE DES POMPIERS ». J'ai tapé les chiffres. Les pompiers répondent toujours présents. Une caserne de pompiers ne ferme jamais. Un homme a décroché. Je lui ai tout expliqué tant bien que mal. Depuis Maele jusqu'à la morgue en passant par Lucas. Le pompier a compris. Lui aussi trouvait que ce n'était pas normal. Je lui donnais mes coordonnées téléphoniques, il promit de me rappeler dans les minutes suivantes. Là-bas, à mille kilomètres, quelqu'un s'occupait de Maele. J'avais passé le relais. Je pouvais laisser les frissons frissonner et mes jambes trembler.

Je pouvais laisser la peur sortir et la boule de mon estomac reprendre sa taille habituelle. C'est bon de n'être plus seule. Si vous saviez.
L'homme aimerait être seul.
– Ce jour-là, j'ai compris combien les minutes pouvaient s'amuser avec le temps. Elles ont le pouvoir de s'étirer à volonté, de se rajouter des secondes qui en font des éternités. À dix heures vingt-cinq le téléphone a sonné et : « À quoi tu joues, maman ! » C'était Maele. En ébullition, mais elle parlait, elle hurlait, explosait, vivait. Elle avait dormi chez un copain. La belle affaire. « Tu devrais avoir honte. On n'a pas idée d'affoler toute une caserne. » J'ai bien essayé de lui dire les mille kilomètres, le bus, le répondeur, mais elle ne voulait rien savoir : « Et alors ! J'vois pas le rapport ! »
L'homme est accablé.
– C'était de sa faute, après tout. Elle n'avait qu'à prévenir. N'est-ce pas ? Si elle l'avait fait, rien de tout ça aurait eu lieu. Elle était furieuse. Je m'en fichais. Elle me perçait le tympan, qui, lui, explosait de joie. Je l'entendais sans l'écouter, et dans mon cœur, je pensais : « Râle, ma fille, râle. Contre ta mère intrusive. Abusive. Râle encore. » Je me régalais de sa voix qui montait dans les aigus. Mon enfant était convaincue de son bon droit et le disait. Moi, je me répétais en boucle : « Ce n'est pas grave, ma chérie, tu es là, qui me parles. »
L'homme a osé se boucher une oreille.
– Et puis Maele est rentrée comme prévu. À son arrivée, rien n'était oublié. Elle avait gardé le ton de la polémique pour m'apprendre que le gentil pompier était le père de Lucas et que je lui avais causé une sacrée frayeur. Elle a parlé d'humiliation aussi, mais les jeunes exagèrent toujours. N'est-ce

pas ? Un jour, on en rira ensemble. Mais je crois que je vous embête avec mes histoires. Monsieur ?
Les deux oreilles closes et les paupières cachées, l'homme a fui dans le noir. Pour la première fois, Roseline le regarde. Abandonné au sommeil, il ne peut rien faire contre sa voisine qui l'observe et le détaille. Tordu comme un pantin aux jambes trop longues et aux bras trop vides, son mètre quatre-vingt-dix dépasse du fauteuil par tous les bords. Une bouche au dessin accueillant, une marque peu gracieuse au coin du nez, comme une vieille brûlure mal cicatrisée et la barbe rasée de près. Une fossette au menton qui réclame la caresse. Des tempes grises qui invitent un baiser. Tout en lui l'enivre. Elle force son regard, provoquant. L'homme reste impassible, léthargique au dernier degré. Roseline abandonne, faute de répondant. Elle souffre toujours. Un laser lui traverse le front et vient lui déchirer une partie du cerveau. Cette douleur quasi permanente la fatigue. Elle se cale avec la ceinture de sécurité, relève la tablette et ferme les yeux. Quelques secondes plus tard, sa tête glisse sur l'épaule voisine.

*

La majorité des touristes est en visite dans un temple quelconque. Roseline profite du calme provisoire au bord de la piscine du Club Med où flemmardent trois, quatre lézards sous leur parasol. Du transat, la vue est magique. Quelques palmiers se balancent au vent léger. Lauriers roses et hibiscus rouges se mélangent comme autant de palettes d'artistes parfumées. Un couple de hérons cendrés traverse le ciel d'un vol puissant, traînant derrière lui un cri rauque et sonore. Le Nil

se plisse dans le sillage d'une felouque. L'eau caresse le vernis de la coque et emporte une feuille là où elle veut aller. Le courant n'est pas fort, et cependant visible. Large, le fleuve se déplace dans une fausse lenteur et son bruit l'accompagne en murmure continuel. Sur la rive opposée, la vallée des Rois attend le soleil couchant. À dix-sept heures, il allumera le ciel de teintes rouge orangé qui se refléteront dans le miroir de l'eau. Quelques minutes où le ciel et la terre mélangent leurs paysages, se confondent avant qu'une main invisible, tirant un fil tout aussi invisible, ne fasse sortir le soleil du décor. Le Nil aura fait son lit et se couchera dans l'horizon du soir.
« Vous, Humains, contemplez-moi ! Je suis le Nil qui crée ce qui existe et fait naître ce qui n'existe pas. »
Roseline contemple à s'en donner la nausée, à en réveiller la douleur. Elle traîne toujours cette migraine qui laboure son crâne et bat à ses tempes. Pas trop violente, mais si constante. Le voyage depuis la France n'a fait qu'empirer les choses. Après l'aspirine et le Doliprane inefficaces, les dérivés d'opia cés calment un temps l'enfer qui transperce son cerveau. Mais la douleur revient si vite. Tête à l'ombre, cachée derrière ses lunettes noires, Roseline se laisse bercer par la douceur du temps. Elle doit récupérer des forces pour entreprendre ses recherches. Le fleuve sacré murmure son calme. L'air sent les agrumes. Roseline s'ensommeille. Paris est si loin.
L'accalmie est de courte durée. Un bruit de chaises longues déplacées et un verbiage animé viennent agresser le silence. Roseline n'a nul besoin d'ouvrir les yeux pour deviner qui vient d'envahir le lieu. Derrière ses paupières closes, son regard s'anime. Elle pense à Maele : « Ah, ma chérie, elles pullulent même ici ! »

« Elles », ce sont les filles qui appartiennent au « club des pouffes », enregistrées suivant les préférences des Robin mère et fille. Paris regorge de ses membres. Il suffit à Roseline et à Maele de s'installer à la terrasse d'un café, ou sur un banc public, et d'observer les passantes. En général, une heure suffit à compléter la liste des recrues. Premier critère de choix : la silhouette. Les jambes gainées de slims qui ne dévoilent aucun dépôt de cellulite et la démarche de mannequin sont automatiquement sélectionnées. « Elles » vont souvent par paires, sont coiffées de cheveux longs et brillants qui balayent le vide d'un coup de nuque bien étudié sans préoccupation aucune pour l'individu qui croise leur route et se les mange sans appétit. « Elles » ont le rire frivole lâché en vague, la bouche bien ouverte sur des dents bien alignées. Celles-là ont une place d'honneur dans le « club des pouffes » et sont un délice aigre-doux pour les deux membres du jury. Il y a aussi celles qui parlent haut, se croient originales, flanquées de leurs clones, et qui bouchent le trottoir, accrochées par le bras les unes aux autres en brochettes de bécasses. Cette liste est non exhaustive, ce qui laisse une entière liberté pour annexer de nouveaux critères. « Elles » ont toutes un point en commun : le don de susciter un agacement amusé et amusant chez la mère et la fille. Ce petit péché de calomnies sans conséquences est devenu un jeu qui les réunit loin de toutes les problématiques de leur vie et leur offre une intimité si légère.
Allongée, Roseline se dit que Maele lui manque terriblement. Comment jouer sans elle ? Si elle était là, que diraitelle ? Excitée comme une vache piquée par un taon, elle dirait probablement :

– Maman, regarde ! Un aréopage de choix. Tee-shirts rose barbe à papa et seins portion nouvelle cuisine. La fine fleur de l'élite pétassienne !
Roseline aurait ouvert les yeux et le jeu aurait commencé.
– Attends, quel vacarme ! « Elles » plaisantent là. Je voulais dormir, moi.
– Tu rêves. « Elles » sont trois et piaillent comme un élevage de pintades. *Alone…*
– *One and only.* On n'a pas idée d'avoir des jambes de cette longueur. « Elles » sont pas humaines, ces filles.
– Et c'est pas la visite des souks de Louxor qui va les inciter à manger ! Entre les mouches vertes qui pondent sur la bidoche pourrie et la pisse des chiens qui déborde des rigoles, c'est un coup à devenir anorexique. Cinq minutes là-bas, et elles font ramadan plus carême, nos trois poulettes !
– Et pia pia pia, et pia pia pia ! « Elles » vont se calmer. Insupportable, ces rires ! Et les voilà qui hurlent pour appeler le garçon de bar ! « Elles » se foutent du monde.
– Ça boit des cocas light, mais ça bouge pas son cul de princesse. Ma petite maman, c'est le top du top, la crème de la crème.
Et le jeu aurait continué. Deux contemplatives alanguies élaborant des théories sensées en toute mauvaise foi, et satisfaites de leur jugement de valeur sur les popotins de pin-up décolorées qui bouchent l'horizon et troublent la raison. Il se serait poursuivi au détour des rencontres devant le buffet, dans le car ou durant les excursions. Mais sans Maele, le jeu n'a pas la même saveur. Roseline se lasse. Le mal de tête qui revient l'incite à rejoindre son lit avant le dîner. Elle passe devant les trois bimbos et leur souhaite :

– Bienvenue au club, mesdemoiselles.
Trois sourires aux dents blanches minaudent en chœur :
– Merci, madame!
Roseline est contente d'elle.

*

Aurélien traîne ses pieds et son cabas jusqu'à leur banc. Celui en face de la crémerie. Celle dont la fermeture inopinée avait provoqué leur rencontre. Chaque semaine, ils se retrouvent là. Le banc est inconfortable aux os pointus d'Aurélien. Les odeurs de fin de marché ne sont pas forcément agréables à l'odorat de Roseline. La cacophonie du boulevard Raspail avec ses klaxons et ses pots d'échappement percés, le bourdonnement des chalands, rien ne les rebute. C'est leur banc. Pour rien au monde ils ne manqueraient ce rendez-vous avec le siège de leur amitié qui les accueille sur ses lattes de métal froides de l'hiver, mouillées des orages, chaudes sous la robe en percale ou humides aux brumes d'automne. Il arrive parfois que le temps ne s'y prête guère. Soit trop de pluie, trop de froid ou trop de trop. Un nez grippé, une gorge irritée, un soleil de canicule ou les rhumatismes d'Aurélien qui le font claudiquer, poussent parfois les deux amis dans le café du coin, *le Nemo*. Pas celui de Jules Verne, non. C'est celui de Disney qui hante les lieux sous forme de posters, de figurines, de fonds de bocks ou de cendriers, sans compter les locataires de quatre gigantesques aquariums qui encombrent l'espace. Quatre fois quatre cents litres d'eau animés par une multitude de poissons-clowns. Ces petits poissons jaunes, rouges ou orangés, zébrés de larges bandes blanches bordées de noir, font le bonheur et la fierté du patron, Maurice Lavergnes, qui en prend grand soin. Un soin quasi obsessionnel que jalouse sa femme, madame Maurice.

Le matin s'est levé, accompagné d'un regain de fraîcheur. Sur son banc, Aurélien se tasse, enroulé dans son écharpe de laine, le chapeau de feutre bien assis sur sa tête. Les pigeons roucoulent à ses pieds. Les chiens marquent leur territoire, la truffe collée au sol. C'est la fin du marché. Sans bruit, une nouvelle clientèle est apparue. Des hommes, des femmes et même des enfants qui fouillent poubelles et déchets à la recherche de leur survie. D'habitude, Aurélien s'émeut de voir ces pauvres gens en venir aux mains pour des fruits tapés ou des rognures abandonnées. Il lui arrive de donner une pièce ou de bavarder avec l'un d'eux. En décembre dernier, il s'était attaché au petit William. Le gamin était venu s'asseoir près de lui. Sa bouille mouchetée de taches de son l'avait amusé. Quelque chose avait agrippé le vieil homme. Durant trois semaines, l'enfant avait eu droit à un pain au chocolat et une briquette de lait. Et puis, il avait disparu comme il était apparu. Depuis, Aurélien le guette et l'espère. Mais aujourd'hui, ses yeux se perdent dans un horizon étroit. Le monde alentour ne perce pas la bulle dans laquelle il est réfugié. Aujourd'hui, Roseline ne viendra pas. Peut-être ne viendra-t-elle plus jamais. Aurélien s'efforce de gommer cette pensée. Pas question de ça. Roseline peut, doit revenir.
– Georgy ! Ça va-t-y ? T'es pas calanché, mon gars ?
C'est la douce voix de madame « mon derrière » qui sort Aurélien de ses cauchemars. Il sourit mollement.
– Ah ! Si t'avais dix ans d'moins, j't'en flanqu'rais une taloche !

Aurélien grimace, embarrassé.
– Oui, une taloche. Et une belle ! C'est qu'j'ai eu la pétoche, moi. J't'ai cru calanché, tout froid qu't'es, tout ratatiné dans ta p'lure.
Elle lui hurle dessus et Aurélien se sent vivant. Elle lui hurle des mots d'affection habillés d'argot. Qui aurait cru qu'un jour, il succomberait à ce timbre mélodieux ?
– Le vent t'a tout estourbi, Georgy. Viens donc te réchauffer les arpions.
Elle l'empoigne.
– C'est'y pas Dieu possible. T'es fait de paille !
Il est vrai qu'Aurélien se sent léger, charrié par cette femme habituée à soulever des tonnes de cageots depuis son plus jeune âge. Sa silhouette généreuse cache une musculature de docker qui le fait survoler le bitume jusqu'à la porte du *Nemo*.
En entrant dans ce lieu voué au culte de ce petit poisson, le choc est certain. L'effet de surprise passé, on goûte et on succombe à cette atmosphère si particulière. Dehors, la cohue de Paris et son marché bouillonnant. Dedans, la mélodie de la mer en fond sonore et l'accueil bon enfant du patron.
Maurice se tient derrière le zinc, le torchon accroché à la ceinture et le sourire aux lèvres. Il partage sa bonhomie en toute équité sans jamais s'arrêter plus de quelques secondes. En mouvement permanent, au rythme des ordres de son serveur Carlos et de madame Maurice.
Affublé d'un tablier bleu des mers du Sud orné d'un *Nemo* plus vrai que celui du dessin animé, le plateau assorti planté sur le bout de ses doigts, Carlos gambille entre les tables. Dans la foule du samedi, il se faufile et se glisse. En expert, il

évite les obstacles, prévient les dangers et, de sa voix pleine, fait voler les commandes par dessus les bruits.
– Trois cafés, cinq mousses, un coca light !
Sans rien perdre des derniers ragots de madame Gallet qui sirote son porto quotidien, coiffée d'un de ses excentriques chapeaux, Maurice s'affaire. Il est partout. À peine a-t-il posé les soucoupes sur le comptoir que les tasses fumantes les rejoignent. La cuillère, le spéculos et le sucre enveloppé de son emballage papier à l'effigie de la star ne sont pas oubliés. Les bières sont tirées et les glaçons nagent déjà dans le verre de coca.
– Enlevez !
Carlos surgit, construit son plateau et se noie dans la masse. Madame Maurice est aux cuisines. D'elle, on n'en connaît guère. C'est un petit bout de femme replète et bien moins gracieuse que son homme. Elle vit derrière le passe-plat fumant de vapeurs huileuses. Au moment du coup de feu, sa tête jaillit du trou pour hurler les plats.
– Une saucisse-frites, trois plats du jour ! Enlevez !
Si Maurice ou Carlos ne répondent pas présent dans les deux secondes, elle récidive.
– Enlevez ! C'est pas l'heure de bâiller, fainéants !
Carlos se précipite et son mari sourit, haussant les épaules.
– Madame Maurice, à cette allure, tu vas aller plus vite au cimetière, plaisante-t-il.
Chaque fois que sa femme se met dans cet état, il trouve une formule pour calmer le malaise.
– Quitte ton monde de Nemo, Maurice. Y'a du travail ici ! On n'est pas chez les Bisounours !
– J'arrive, *Maminours* !

Et madame Gallet a droit à un coup d'œil complice.
C'est comme ça au café *le Nemo*, le spectacle est partout.
Les clients aiment le ballet des propriétaires et du serveur autant que celui des aquariums. Au son des glouglous de la pompe à air, leurs habitants virevoltent et ondulent leurs nageoires en harmonie avec les anémones. Les tables situées près d'eux sont les plus convoitées. Les jours de marché, les places sont chères. Le comptoir voit défiler les habitués, les égarés, les commerçants et les marchands. La salle ne désemplit pas jusqu'à treize, voire quatorze heures. Un quadrille infernal de clients réguliers et d'autres de passage qui se mélangent dans le monde de Nemo.
Aurélien et madame Dumont ont pris place sur la petite table, dans le coin, calée entre les toilettes et le passe-plat. La seule de libre.
– Savez-vous, madame Dumont, qu'une fois adopté par une anémone, le poisson-clown la défendra vigoureusement contre les prédateurs qui s'attaquent à ses tentacules ?
Sur leur gauche, un des aquariums les sépare du reste de la salle.
– Savez-vous également qu'ils se choisissent et s'unissent pour la vie ?
Sur leur droite, le comptoir et son agitation. La maraîchère interpelle Maurice :
– Eh, patron ! Deux cafés arrosés, s'te plaît ! Et vite, il est tout cong'lé, l'Georgy !
– Je parle du mâle et de la femelle de ces drôles de poissons. Vous l'aviez compris, madame Dumont ?
– Qu'est-ce qui lui arrive, à monsieur Boyer ? C'est vrai qu'il a pas bonne mine.

– J'sais pas trop, j'l'ai trouvé tout miteux sur son banc. D'puis, y parle de travers. J'crois qu'y nous fait l'coup de la VC.
– Le coup de qui ? VC ? C'est qui, la VC ?
– Pas qui mais quoi, bêta. Un truc disjoncte là-haut et t'es plus comme avant. L'père du Francis, il a fait une VC, eh ben, moi j'te l'dis, y pisse plus droit.
– C'est beau de s'aimer toute une vie. Même pour une vie de poisson.
– Je vois bien le père du Francis, dit Maurice. Mais j'connais pas ta VC. N'empêche que t'as raison, il est ailleurs, le vieux.
Aurélien boit son café en regardant un poisson poursuivre une crevette.
– Madame Dumont veut parler d'un accident vasculaire cérébral.
– Voilà, il a compris, Georgy. Un vasculaire du cigare. La VC.
– Un A V C, madame Dumont. Un accident vasc…
– Oui, ça va, j'ai compris. Le principal, c'est qu't'as rien, mon gars.
– Je ne sais pas si le poisson va attraper la crevette.
– Il a intérêt, répond Maurice, c'est son plat du jour. Tout frais du marché.
– Pauvre crevette.
Madame Dumont s'esclaffe.
– Le v'là qui chougne sur une crevette. À son âge.
Traînant par là, Carlos rit avec eux. Madame Maurice passe la tête dans l'ouverture de sa cuisine, sort les épaules et crie :
– Faites attention à ce que vous dites, monsieur Boyer.
– Pourquoi donc, chère madame ?

– Ben, une crevette, chez nous, c'est comme qui dirait… comment dire… une femme légère.
– Une femme légère ? Oooh ! Une femme légère !
L'hilarité monte en volume dans le petit bistrot.
– Tu r'prends bonne mine, mon gars.
Aurélien répond d'un petit air entendu.
– Veuillez m'excuser, mesdames, j'ignorais cet autre sens. Ce côté *libertin* de la crevette.
– *Libertin !* Comment t'y causes bien. T'inquiète donc pas, on en a entendu d'autres.
Tout le monde approuve.
– Il a une particularité extraordinaire, ce poisson. Dans la nature, si la femelle meurt, le mâle se transforme en femelle et un autre poisson-clown devient son mâle reproducteur.
– Le v'là r'parti dans la poiscaille. T'es un drôle, toi.
– Je ne sais pas si je suis *un drôle*, comme vous dites, mais vous, vous me faites du bien. Je vous aime bien madame Dumont. Vous êtes une brave femme.
– Allez va… Tais-toi donc. Bois ton godet.
Aurélien trempe le bout de ses lèvres dans le calva. Ses pommettes prennent feu.
– Ouuuh ! C'est du fort !
– C'est fait pour ça. Buvez d'un trait, m'sieur Boyer, dit Maurice.
– Arrête, couillon, tu vas nous l'tuer ! Ressers-moi, au lieu dire des conneries, le mien, l'est tout sec.
La maraîchère s'envoie son deuxième schnaps sans broncher tandis que le vieil homme s'habitue au degré de l'alcool. Le niveau du verre descend allègrement.
– Doucement, Georgy, t'as la vie d'vant toi.

– La vie ? Madame Dumont, la vie, c'est une couillonnade. C'est pas une vie de poisson-clown.
– Ouh, dis donc ! T'as ta dose. Stop, là.
Le verre est vide et les joues d'Aurélien sont rouges.
– Dans la vraie vie, quand on meurt, eh ben, on meurt. Et personne ne vous remplace. On est pas des poissons-clowns.
T'en as gros sur le cœur, toi. Pourquoi t'as donc la tête dans les chaussettes ? Et ta Rosita, elle est où ?
Aurélien pousse un soupir qui immobilise tout le café. Madame Maurice sort de son trou et s'approche tout près de Carlos. Le patron s'accoude au comptoir. Et Aurélien raconte.
L'histoire de Roseline, personne ne la connaît vraiment. Alors, chaque révélation est ponctuée de petits cris, d'interjections, de quelques expressions plaisantes. Les poissons ont stoppé un instant leur course folle. Collés à la paroi de l'aquarium, ils écarquillent leurs yeux sans paupières.
Quand Aurélien a fini, la salle entière résonne de silence. Quelques yeux sont rouges, beaucoup de gorges sont nouées. Les poissons, bouche bée, remuent des nageoires sur place. Tous se posent les mêmes questions. Roseline reviendra-t-elle ? Et dans quel état ?

*

Roseline parcourt Louxor depuis cinq jours. Elle a tout vu de son musée et de la beauté de Tuthmosis III. Elle a foulé chaque parcelle du temple d'Amon-Râ. Elle a longé l'allée des Sphinx. Elle a suivi le Nil jusqu'au temple de Karnak, caressé les pieds des colosses de granit rose, admiré les piliers

d'Osiris et tous les hiéroglyphes. Comme le veut la légende, elle a tourné trois fois autour du scarabée d'Aménophis III, sans oublier de réciter sa supplique en silence et de saluer l'animal d'une révérence courtoise à chaque tour bouclé. La photo de Clément et de sa belle à la main, elle a interrogé, questionné, en vain.
Aujourd'hui, cinq heures, Roseline est prête pour arpenter la vallée des Rois. Elle sait qu'il y a plein de chantiers ouverts et, donc, un nombre important d'archéologues et d'étudiants susceptibles de connaître son fils. Dans le lever du jour, une quinzaine de montgolfières se balance dans les airs. Entre ciel et Nil, la douceur qui domine pose sa grâce sur Roseline. Elle se sent légère comme le vent doux. Pour la première fois depuis la mort de Clément, elle voit en positif. Elle sent qu'elle est au bon endroit, au bon moment, et c'est d'un pas alerte qu'elle rejoint la salle à manger.
À cette heure-ci, le lieu n'est pas bruyant. Seules quelques tables sont occupées par des courageux qui se servent au buffet et mangent dans un silence feutré. Les enfants, tirés du lit, sucent encore leur doudou entre deux bouchées, les yeux gonflés de sommeil. Les guides touristiques sont ouverts entre les tasses et feuilletés négligemment. L'aurore cérébrale digère les photos, rarement l'érudition.
Roseline se dirige droit à sa place.
Dans un quart d'heure, Ali et son taxi passeront la prendre. Ils partiront sur les routes dans ce véhicule rocambolesque, au conducteur plus habitué à mener un chameau qu'une voiture. Si on pouvait parler de voiture à ce niveau de décomposition. Ali baragouinera dans un franglais à la sauce arabe durant tout le trajet. Roseline hochera la tête en espérant le

faire dans le bon sens. Lui tournera trop souvent la sienne dans sa direction, vers l'arrière. Elle poussera des cris d'effroi auxquels il répondra dans l'éclat de ses dents noires ou absentes.
– *Sayidati, you* pas peur. Ali savoir *road. Ma fich mouchkéla, bella bellissima.*
Parce qu'Ali parle aussi italien quand il frôle les biquettes optimistes qui broutent, ou les cyclistes philosophes qui zigzaguent, avant de hurler sur une pauvre vieille.
– *Hidd mén héna!*
Et il rira en implorant Allah.
Les kilomètres sont longs avec Ali. Longs et éprouvants, mais c'est comme ça en Égypte et personne ne s'en formalise. Le code de la route est une invention occidentale, les feux rouges n'ont aucun pouvoir et les passages piétons n'ont d'autres fonctions que celle de décorer la chaussée. Les calèches galopent en pleine ville et les taxis roulent la main sur le klaxon. Être piéton relève de l'exploit et demande une attention de tous les instants. Être passager d'Ali aussi.

À l'écart, derrière un pan de verdure, Roseline profite de ces quinze précieuses minutes de calme – il est trop tôt pour les échanges sociaux courtois –, quand une dame, de fort belle allure, vient s'asseoir à sa table.
– Permettez que je me joigne à vous.
Comment ne pas permettre sans passer pour impolie?
– Je vous en prie, vous ne me dérangez nullement.
Le ton n'y est pas et madame Dorcy l'a bien senti.
– Excusez mon audace, mais je crois que je peux vous être utile.

– Ah ?
– Oui, on m'a parlé de vous et de votre présence ici.
– Et alors ?…
– N'ayez crainte, je ne veux pas m'immiscer dans vos affaires, je veux simplement vous aider. Je connais beaucoup de monde ici. Je crois que vous allez à la vallée des Rois ce matin ?
– On vous a bien renseignée.
– Peut-être devrais-je me présenter à vous.
– Peut-être bien.
Cécile Dorcy aborde ses soixante-quinze ans avec classe. À cette heure cruelle, quand d'autres sont encore chiffonnés de leur nuit de sommeil, elle pétille comme une bulle de champagne dans un cocktail mondain. Les vêtements qu'elle porte, ainsi que ses bijoux, sont les signes apparents de son aisance. Elle est riche et ne le cache pas.
– J'ai plus d'argent que je ne pourrais en dépenser. Alors, je finance des fouilles en Égypte. Plus particulièrement à Karnak. Je sponsorise, comme on dit. J'aide des jeunes qui le méritent. Je peux vous être utile dans votre recherche.
– Que croyez-vous que je recherche ?
Les deux femmes se fixent. Roseline se reconnaît dans le regard de Cécile. Bien à l'abri derrière l'éclat de ses yeux verts, il y a la même flétrissure. Roseline sort la photo de Clément de sa poche.
– Il est très beau.
– Il est mort.
– Je sais.
Le silence n'est pas pesant, il est respectueux de leur chagrin commun.
– Votre fils, je ne l'ai pas connu. J'en suis désolée. Mais j'ai

croisé cette jeune femme. Elle a travaillé sur un chantier dans la vallée des Artisans. Si vous voulez, je vous y emmène. Peut-être trouvera-t-on des gens pour vous renseigner ?
Roseline peine à réaliser ce qui se passe. Aurait-elle enfin trouvé le bon fil à tirer ? Serait-elle au bout de sa quête ?
– Je ne sais que vous dire. Je… Bien sûr que je veux. On y va tout de suite. Je suis prête. Mon taxi doit m'attendre. Venez. Allons-y.
– Pas la peine de prendre un taxi, j'ai ma propre voiture. Certainement plus confortable et plus sûre.
– Mais, hésite Roseline, je ne peux pas faire ça à Ali. Je l'ai réservé. Il a besoin de cet argent. Ce n'est pas honnête.
– Ne vous inquiétez pas pour lui, je vais le dédommager. Il ne sera pas perdant.
– Non, non, ce n'est pas à vous de le faire. Je m'en charge.
– Comme vous voudrez.
Trois quarts d'heure plus tard, elles roulent sur la rive ouest du Nil. Elles bavardent comme deux amies de longue date. Cécile joue les guides.
– Cette vallée, celle où nous allons, c'est le village des artisans et ouvriers qui ont travaillé à la construction des tombeaux royaux. Ils devaient garder le secret et surtout n'avoir aucun contact avec le monde extérieur. C'était le seul lieu habité sur ce côté du fleuve. Ces gens ont creusé et construit leurs propres tombes et celle de leur famille. Ce site est moins connu que la vallée des Rois et celle des Reines, mais il mérite le déplacement. Il est certain qu'il n'a pas livré tous ses secrets.
– C'est très gentil de m'emmener. Je dois dire que, sans vous, je n'y serais probablement pas allée. Pourquoi êtes-vous venue à moi ?

Cette question brûlait les lèvres de Roseline depuis le début de leur rencontre. Cette question, Cécile la craignait et l'attendait depuis le même moment.
– Si je peux me permettre, ajoute Roseline. Peut-être suis-je trop indiscrète ?
– Non, je comprends, vous méritez une réponse. Bien que vous ayez tout deviné, n'est-ce pas ? Cette peine que vous avez, je porte la même depuis trente ans. J'ai perdu un fils, il avait à peine quinze ans. Il est mort ici, dans ce pays, lors d'un séjour avec son père. Nous étions divorcés depuis peu. Mon ex-mari, égyptologue, travaillait sur les hiéroglyphes. Bastien adorait son père et son métier. Et puis, un lundi, avant le lever du soir, une pierre instable a terminé sa chute sur lui. On m'a dit qu'il n'avait pas souffert et j'ai choisi d'y croire.
– Nos histoires se ressemblent.
– Je sais. J'ai mis du temps à pouvoir revenir sur les lieux. Maintenant, je finance dans l'espoir de donner son nom à la découverte du siècle.
Le reste du trajet se termine dans le silence.
Elles arrivent sur le site dans un nuage de poussière. Le paysage, les ruines, tout est sable. En pente douce, un labyrinthe de murets de pierre dessine les vestiges du village. Ils portent encore des traces de peinture qui racontent la vie des habitants. Ces hommes, ces femmes, qui furent les premiers grévistes de l'histoire de l'humanité. Le flanc de la colline abrite leurs tombeaux qu'ils ont eux-mêmes décorés.
Cécile entraîne Roseline au fond de la vallée. Elles entrent dans la terre par un étroit boyau, descendent un escalier en pente raide qui débouche sur une salle voûtée. Une poignée

d'individus s'active dans une lumière lunaire. Sous la douceur de leur grattoir ou la caresse de leur pinceau renaissent des dessins colorés, des messages du passé.
– Cette tombe est en cours de rénovation. Mettez ce masque, s'il vous plaît. Notre respiration abîmerait les couleurs. Comme ça, vous pouvez admirer en toute liberté.
Roseline sait qu'elle vit quelque chose d'exceptionnel. Ce lieu, peu de gens ont le privilège d'y pénétrer et il ne sera sans doute jamais ouvert au public. À cet instant, elle partage la passion de Clément. Fouler le même sol que les Égyptiens du temps des pharaons la fait vibrer. Ses yeux s'habituent à l'éclairage tamisé. Le centre de la pièce est occupé par un sarcophage de pierre couvert de hiéroglyphes. Roseline navigue entre exaltation et embarras. N'est-ce pas un viol que de profaner ce lieu ?
Un jeune homme s'approche.
– Bonjour, madame Dorcy.
– Bonjour, Thomas. Je voudrais te présenter quelqu'un.
En quelques minutes, Cécile lui explique de quoi il retourne. L'espoir au bout des doigts, Roseline lui tend la photo.
– Je suis désolé, madame, je n'ai jamais vu votre fils. Et cette femme non plus. Je suis désolé.
Face à la déception qui inonde le regard de cette femme, Thomas se sent mal à l'aise.
– Attendez, je vais demander à mes collègues.

*

Dans l'ombre de la nuit, Roseline réintègre son appartement parisien. Néfi est là qui se frotte à ses mollets, ronronne son

plaisir et crachote, rancunière. Une façon bien à elle d'exprimer le dépit de son abandon et le bonheur de retrouver sa maîtresse.
– Je suis là, Néfi. Chut ! Pas de bruit. Allez, viens. Viens avec moi, on va se coucher. Je suis fatiguée.
Roseline laisse sa valise et rejoint sa chambre. Elle retrouve le jeton jaune laissé sur la table de nuit. Elle s'en saisit, le serre dans le creux de sa paume et s'allonge sur son lit. Néfi saute, piétine son ventre, puis se couche à portée de sa main. Toujours cette distance qu'elle met entre elles. Les oreilles dressées, l'animal écoute celle qui raconte.
– Il en a fait de drôles, ton maître. Tu le savais, toi ? Il t'en avait parlé ? Oui ? Pourquoi tu ne m'as rien dit ? Non ? Rien ? On est pareilles, alors, inutiles. Il avait trouvé son amour, alors, nous, on n'existait plus. Elle s'appelle Leila.
Le bout des doigts de Roseline tricote la fourrure. Tout en prudence.
– Elle serait à Paris, à ma recherche. C'est une amie de Thomas qui me l'a dit. L'ombre des sphinx connaît bien des secrets. C'est pour ça que je suis rentrée si vite. Par Cécile, j'ai eu tout de suite une place d'avion. Elle connaît beaucoup de monde. C'est une femme formidable. Je te la présenterai. Leila, c'est un joli prénom. C'est comme ça, Néfi, Clément avait une amie si chère à son cœur qu'elle veut nous connaître. Pourquoi ? Pourquoi n'est-elle pas venue avant ?
Comme happée par les mots, Néfi vient se nicher en boule dans son cou.
– Ça fait cinq ans que Clément est mort. Pourquoi maintenant ? Cinq ans, c'est long. Long comme tant de nuits sans sommeil. Long comme un calvaire qui n'en finit pas de sécher

le cœur. Elle veut nous connaître ! Pourquoi ? Et finalement, est-ce que je suis sûre de le vouloir ? Elle va tout bousculer. Tout est si fragile. Et quelle place lui donner ? Et je fais comment pour la trouver ? Je ne sais rien d'elle. Je n'ai qu'une photo qui date de cinq ou six ans. Comment la trouver ?
Épuisée, entre fatigue et émotion, elle tombe dans un sommeil profond.

Le jour ne pointe toujours pas sur la capitale. Néfi n'a pas bougé, Roseline dort encore. Un coup de sonnette les fait sursauter sans pour autant la réveiller. Néfi miaule et donne des coups de tête énergiques à sa maîtresse. La sonnette insiste. Tant et si bien que Roseline émerge sans douceur.
– Oui, crie-t-elle, j'arrive. Une minute.
La porte se tait et patiente.
Quelques secondes plus tard, elles se fixent et se jaugent du regard. Roseline vacille comme une flamme, Leila s'enferme dans l'ombre du palier. Puis, sans un mot, Roseline s'écarte pour la laisser entrer. Un petit bonhomme d'environ cinq ans est accroché à sa jupe d'une main ; de l'autre, il tient une voiture bleue avec un gyrophare rouge.
Roseline ne sent plus rien à part cette pointe qui lui taquine la nuque et lui vrille le cerveau. Le cri, resté coincé dans sa gorge, sort en spasmes.

Roseline se réveille sur son lit, la mémoire en désordre. Doucement, elle reprend conscience. Elle soupçonne qu'elle n'a pas fait un malaise ordinaire. La douleur, ce mal de tête qui la suivait depuis des jours, est partie, laissant la place aux interrogations. Ses paupières s'énervent, ses lèvres s'agitent et balbutient des syllabes décousues. Une voix lui répond :

– Vous m'avez fait peur.
Dans un sursaut, Roseline se redresse. Ses yeux se déplissent dans la lumière et le monde redessine ses lignes. Elles ont les contours d'une femme aux longs cheveux noirs et à la peau brune. Leila lui tend un verre d'eau.
– Buvez.
Elle est là. Celle de la photo, celle de ses rêves et de ses cauchemars, celle de tous ses espoirs. L'ombre du passé est là qui lui parle.
– Moi aussi, j'ai soif.
Roseline voudrait bien attraper le gobelet, mais le frisson qui l'agite fait trembler sa main. Elle tourne la tête. Il est là aussi, qui la regarde, assis en tailleur sur le lit, Néfi dans le creux de ses cuisses. Il est là. Il existe, avec ses yeux d'armoise et ses joues rebondies. Ses cheveux corbeau qui ondulent dans son cou. La peau mate de sa mère, les lèvres ourlées de son père.
– Maman, moi aussi, j'ai soif.
– Attends, Cyrille, je crois que madame en a plus besoin que toi.
Cyrille. Roseline répète en boucle dans sa tête : Cyrille. Elle voudrait dire tant de chose, mais sa gorge sèche les mots. Sa main n'est pas encore assez stable pour obéir. Alors elle fait signe de la tête. Leila comprend et lui porte le verre aux lèvres. Le liquide frais glisse dans sa bouche, humecte son palais et ses cordes vocales. Fait partir au passage la boule dans sa poitrine. Et ranime dans ses yeux la lumière effacée.
– Et moi ? J'ai soif !
Roseline repousse la main de Leila.
– Merci. Occupez-vous de lui.
Sa voix est encore faible. Quelques tremblements subsistent.

Mais ses joues reprennent des couleurs et c'est une poigne assurée qui s'empare du verre tenu par la jeune femme.
– Occupez-vous de lui. Je vais bien. Il y a du jus de fruit dans la cuisine. Tu aimes le jus de fruit ?
– Les jaunes.
– Elle est drôle, ta réponse.
– J'aime les jaunes. J'aime pas les rouges.
– Les rouges ? Il y a des jus de fruits rouges ? En tout cas, moi, je crois n'avoir que du jaune. Le jus d'orange, c'est du jaune pour toi ?
– Oui.
– Et tu en veux ?
– Oui.
– Alors, ta maman va te donner du jaune. Vous trouverez sans peine ?
– Pas de souci. Viens avec moi, Cyrille.
– Non, crie Roseline, laissez-le moi, s'il vous plaît.
Bien sûr, excusez moi.

Leila sort de la chambre, traverse l'entrée. Elle porte la main à son cœur, elle doit se calmer. Le souffle court, appuyée contre le frigo qui ronronne et résonne dans son dos, elle s'apaise. Sa respiration se calque au rythme monotone du moteur. L'alerte est passée. La panique contenue s'estompe. La rencontre voulue mais tant redoutée a eu lieu. Roseline ne semble pas hostile à leur présence chez elle. Elle ne paraît même pas surprise de la voir. Comme si elle l'attendait. Pourtant, Leila en est certaine, Clément n'a jamais parlé d'elle à sa mère. Il devait le faire à son retour en France et puis, il est mort, comme ça. Et elle, elle est tombée, noyée dans ses larmes. À ce moment-là, elle ignorait le fruit qu'elle portait. Réfugiée chez ses parents au Caire, elle a mis l'enfant au monde. Sa naissance fut sa renaissance. Avec lui à ses côtés, elle a retrouvé le goût d'avancer. Elle a terminé ses études et a passé brillamment son doctorat en égyptologie. Cyrille poussait, entouré de sa famille maternelle. Il paraissait ne manquer de rien. Et puis, il est entré à l'école. Est-ce à cause des copains ? Est-ce par la maîtresse que c'est arrivé ? N'est-ce pas tout simplement la vie qui a fait que la question est venue ? Répétitive. Appuyée. Martelée : « Mon papa à moi, il est où ? »

Il lui fallut du temps pour trouver la force et le courage de rechercher Roseline. Maintenant, Leila sourit en entendant les voix mêlées qui lui arrivent en sourdine. Celle pointue de son fils faisant écho à celle de sa grand-mère. De quoi parlent-ils ? Elle n'en sait rien et cela n'a aucune importance. Leurs rires qui s'entrecroisent lui suffisent. Jus de fruit jaune à la main, elle court les retrouver.

*

Ils sont en grande discussion. Suivant son habitude, Cyrille pose mille questions dans un français délicieux avec ses imperfections de langage où se glissent quelques mots d'arabe. Roseline se montre patiente et attentive. Elle a retrouvé un sourire oublié, l'a dessiné sur ses lèvres et le garde précieusement. Elle a posé sa main sur le mollet potelé, sans bouger, de peur de l'effrayer. L'enfant ne s'en soucie guère, il apprécierait plutôt ce geste affectueux, mais il ne le sait pas encore. Le sujet du moment est bien loin de ça. Le sujet de leur bavar-

dage s'est porté sur Néfi. Néfi la sauvage. Néfi si farouche, si peu câline, qui n'a pas bougé d'une moustache depuis le réveil de Roseline. Malgré les gesticulations et les rires de Cyrille, elle reste impassible, couchée sur ses genoux. Parfois, une main du petit la bouscule, explore son poil. Parfois, un doigt vient ausculter le creux d'une de ses oreilles. Roseline n'en revient pas et le dit. Elle raconte à l'enfant l'histoire de Néfi. Leila attend qu'elle ait fini.
– Tiens, Cyrille, bois, mon chéri.
– Merci, maman… Ahhh. J'avais soif… Il est bon, pas trop bon, mais c'est pas grave, je l'aime quand même.
Roseline rit de bon cœur et s'adresse à la maman.
– C'est un beau petit. Merci.
Leurs regards se disent le principal.
– Venez vous asseoir là.
Roseline tapote le matelas et sa main bien à plat laisse rouler le jeton jaune sur le lit. Cyrille s'en empare.
– C'est quoi ?
– Ça, c'est une très longue histoire. Une histoire sur ton papa que je te raconterai plus tard.
– Je peux le garder ?
– Non, Cyrille, pas encore. Un jour, il sera l'heure. Ce jour-là, je te le donnerai. Pour l'instant, je le garde. Tu vois, je le pose ici, sur ma table de nuit. Tu peux le regarder, le toucher, mais pas l'emporter. Pas encore. Tu bailles. Tu es fatigué ?
– Oui, un peu, répond-il en s'allongeant dans les coussins.
– Je crois que nous allons partir, Cyrille a sommeil.
– Non ! Nous devons parler. Cyrille peut dormir ici, nous, nous irons dans le salon.
L'enfant couché sous les couvertures, le chat en écharpe, les

deux femmes s'installent dans le canapé, chacune se racontant à l'autre. Elles disent ce qu'il faut. Juste ce qu'il faut. Juste le nécessaire. Pas trop. Elles disent des mots qui agissent comme des petits pansements là où ça fait mal. Tâtonnent du bout des lèvres, entre les bosses et les ornières de chacune.
Leila s'excuse d'avoir mis ces objets sur la tombe de Clément sans autorisation. Roseline lui pardonne. Après tout, c'est grâce à ça que tout a commencé.
Roseline parle de son voyage, de la vallée des Artisans et de Cécile Dorcy.
Leila explique son arrivée à Paris quelques semaines auparavant. Cyrille et elle ont logé dans un hôtel sordide. Sans eau, les toilettes sur le palier, et un camping gaz pour cuisine.
– Venez vivre ici. On se serrera.
Leila sourit.
– Non, tout va bien maintenant. J'ai trouvé un poste de surveillante, à mi-temps, dans un collège privé. Et un logement décent. C'est comme ça que je vous ai entendue rentrer hier soir. En fait, je suis la nouvelle gardienne de votre immeuble.
Là, Leila raconte comment, après avoir consacré beaucoup d'énergie et utilisé toutes ses heures de liberté à pister la tombe de Clément et l'adresse de Roseline, la chance avait tourné. Elle avait visité tous les cimetières de Paris, écrit à toutes les mairies. Puis, l'idée d'éplucher les faire-part de décès des journaux lui était venue. Et un soir, au milieu de tant d'autres, son nom s'était détaché : Clément Robin. C'est ainsi qu'elle avait su où il était enterré et eu, par ce biais, les coordonnées de Roseline. Lire en lettres grasses ce prénom tant aimé avait rendu la réalité encore plus cruelle, mais lui

avait aussi redonné de l'espoir. Leila était venue plusieurs fois dans le quartier, puis dans la rue. Puis elle avait osé s'approcher et entrer dans la cour. C'est là qu'elle avait vu la loge libre et l'annonce accrochée sur la porte.
– Je cumule les deux emplois, ce qui nous permet de vivre très correctement.
– J'en étais sûre. Je le savais. J'ai aperçu Cyrille quand je suis partie pour Louxor. Et votre ombre aussi. Si j'avais su. Que de temps perdu.
– Non, c'est que ça devait se passer ainsi. Votre voyage en Égypte était nécessaire. Et mon travail de recherche aussi.
Mais Paris s'anime et les premières lueurs du jour appellent la séparation. Leila doit aller à son travail et Cyrille à l'école.
Roseline ne la retient pas. Son instinct lui dicte de ne rien brusquer. Elles partagent le même désir de se revoir très vite. Elles ont déjà élaboré un programme pour les dix ans à venir. Rendez-vous est pris pour le soir même autour d'un dîner avec Maele et Aurélien. Il ne faut plus gaspiller le temps.
Cyrille dort sans remords. Ses petits poings fermés dans son cou. Néfi n'a pas quitté son poste, elle veille.
– Prenez ce plaid pour le couvrir, qu'il n'attrape pas froid dehors.
Leila enveloppe son fils sans qu'il ne s'éveille. Sa grand-mère dépose un baiser sur son front chaud de sommeil.
– À ce soir, Cyrille. J'aurai acheté du jus de fruits, du vrai, du jaune, comme tu aimes. Et des sucettes vertes, à la pomme. Celles que tu préfères. Passe une bonne journée.
De sa fenêtre, elle les regarde traverser la cour. Leila a le pas rapide. Un pied, à la chaussette pendouillant, se balance en dehors de la couverture. La mère et son fils disparaissent sous

le porche. Quelques secondes plus tard, la fenêtre de la loge allume les pavés du petit matin.
Le lit garde l'empreinte de Cyrille. Il y a fait son nid dans les draps, imprimé sa tête au creux de l'oreiller. Néfi tient au chaud le parfum de l'enfant.
– Eh bien, ma belle, tu l'aimes aussi fort que ça ? Tu as raison, dit Roseline en s'asseyant sur le bord du matelas.
Soudain… Le jeton jaune a disparu. Sur la table de nuit, sa place est vide.
L'exaltation laisse place à l'angoisse.
Où est-il ? Roseline se retrouve à quatre pattes, le nez sous le sommier. Elle fouille partout, bouscule la literie. Elle trébuche sur la voiture bleue au gyrophare rouge abandonnée sur le drap blanc. Mais aucune trace du jeton.
Néfi, qui a profité de ce remue-ménage pour aller manger quelques croquettes, revient se coucher à la même place.
– Ça ne te fait rien, toi ? Le jeton de ton maître a disparu, et toi, tu manges. C'est pas normal, ça.
Une menace plane comme un rapace. Roseline a appris son odeur, c'est celle de la peur. Elle pue comme une mauvaise sueur âcre et épaisse, qui colle aux aisselles, glisse aux plis des cuisses et finit par vous empoisonner. Pas question de la laisser gagner, de se faire déchiqueter par son bec crochu. Roseline porte encore des traces de ses griffes acérées.
Puis, elle revoit Cyrille endormi, poings serrés contre lui.
– Le p'tit coquin ! Je lui avais pourtant dit de ne pas l'emporter.
La peur a reculé. Le jeton jaune reprendra sa place ce soir.
Exténuée par tous ces événements, Roseline hésite entre son lit tout de suite ou le plaisir d'un bain avant de dormir. Un

bain de savon vanillé, les violons de la *Symphonie du nouveau monde* en sourdine, une serviette roulée sous la nuque et un gant humide sur les paupières, voilà qui est bien tentant. Assise sur le rebord de la baignoire, juste vêtue de son peignoir, elle laisse sa main caresser la coulée d'eau chaude qui déferle. Un nuage cotonne et parfume la pièce.
Roseline décompresse. Une émotion en cache toujours une autre. Et, derrière cette peur qui l'accompagne depuis tant d'années, il y a cette joie qui cherche à s'exprimer. Roseline ouvre les vannes. Ses yeux secs de fatigue trouvent de nouvelles larmes. Le trop-plein rompt le barrage et se déverse en sanglots qui la secouent si fort qu'elle préfère fermer le robinet et retrouver sa chambre. Elle s'allonge, la voiture bleue dans sa main. Cyrille, c'est le rayon de soleil qu'elle attendait. Cet enfant, il est fait de la même matière que l'espoir. C'est lui qui va abattre le mur contre lequel elle se cogne la tête chaque matin au réveil. C'est lui qui ranimera la confiance évanouie. Confiance, un nouveau mot à son vocabulaire.
L'heure est venue. Les miracles existent, elle peut lâcher prise.

ÉPILOGUE

C'est jour de marché. Aurélien s'en revient, tirant un caddie tout neuf. Il était temps d'abandonner son vieux cabas qui lui courbait le dos et lui cassait les reins. Il est très fier de son chariot ultraléger qui monte et descend les trottoirs sans effort grâce à son jeu de roulettes. Devant la porte cochère de l'immeuble, il est rattrapé par Maele, essoufflée d'avoir trop couru.
– Bonjour, la miss.
Elle prend trois, quatre longues inspirations.
– Bonjour, Aurélien.
– Où vas-tu donc si vite ?
– Chercher, maman… On va au cimetière… ensemble.
– C'est bien. C'est même très bien… C'est une bonne chose.
Maele lui raconte la surprise qu'elle a faite à sa mère. Comment elles ont su se parler. Comment la vie est plus légère et comment l'avenir a pris une autre couleur. Cette plongée dans le passé et cette virée à la boutique baba cool ont renoué des liens.

– La vie, c'est pas si mal, Aurélien.
Il chancelle un peu quand elle referme ses bras autour de ses épaules et lui colle un baiser sur la joue.
– C'est même pas mal, ajoute-t-elle.
– Rappelle-toi, je te le disais : « Il se peut que l'espoir devienne ténu, mais jamais il ne meurt. » Toi, tu bougonnais. Moi, j'y croyais. J'y ai toujours cru. J'avais pas raison ?
Maele le taquine :
– Si, si, tu avais possiblement, un peu, un chouïa raison.
– Allez, sale gamine, file retrouver ta mère.
Elle est déjà à l'autre bout de la cour. Aurélien élève un peu la voix :
– Venez me raconter, après.
Elle se retourne et lui envoie un baiser.

Un coup bref frappé à la porte, une clef qui tourne dans la serrure et Maele déboule chez sa mère :
– Maman ! C'est moi !
Pas de réponse. Le sac tombe sur la moquette avec l'écharpe.
– Maman !
Maele continue sa progression.
– Mamaaan !
Son cri tombe dans le vide. La cuisine, déserte, ne montre aucun signe de vie. Quelque chose de pas normal flotte dans l'air. Elles avaient convenu de leur rendez-vous hier. À l'heure qu'il est, sa mère devrait être prête depuis longtemps. À l'heure qu'il est, Roseline, habillée et houleuse, devrait houspiller sa fille pour ses cinq minutes de retard. La salle de bains est vide, mais il n'en est pas de même pour la baignoire, remplie d'une eau froide où flotte une pellicule de savon pas

nette, ce qui ne rassure pas Maele. Que se passe-t-il encore ? La réponse est dans la chambre, en peignoir, inerte sur le lit et les pieds dans le vide. Roseline, qui dort encore, sursaute quand Maele hurle en entrant dans la pièce :

– Mamaaan !

Elle se redresse d'un bond, la tête encore à l'envers.

– Oui. Qu'est-ce que c'est ? Qu'est-ce qui se passe ?

– J'aimerais bien le savoir. Je te rappelle que nous avions rendez-vous. Je te rappelle que nous allons au cimetière. Je te rappelle que nous devons chercher qui est la jeune femme qui a mis des objets sur la tombe de Clément et qui a, et qui, etc. Tout ton bazar, quoi. Pourquoi t'es pas habillée ?

– Mais, de quoi tu parles ?

– Je te parle de Clément, et du cimetière, et de l'inconnue. Allô ? Allô, maman, ici ta fille. Réveille-toi.

– Ah oui. Oui, mais non. C'est plus la peine.

– Comment ça ?

– Je l'ai retrouvée.

– Qui ?

– La jeune femme. Leila. Elle est venue ici, cette nuit. Avec une surprise, en plus.

Et Roseline raconte à sa fille toute l'histoire depuis son départ précipité en Égypte, les journées passées à chercher, sa rencontre inattendue avec Cécile Dorcy qui l'a menée sur la piste de Leila, son retour à Paris hier soir, jusqu'au coup de sonnette. Roseline ne voit pas l'air hébété de Maele quand elle décrit en détail la gentillesse de Leila et le petit Cyrille. Quand elle arrive au passage du jus de fruits jaune, sa fille l'interrompt.

– Stop ! Stop, là, maman. J'crois que tu te fais un mauvais trip.

– Pourquoi dis-tu ça ? Je vais bien. Je vais même très bien.
– Mais, maman, tu n'es jamais partie pour l'Égypte. T'as pris combien de cachets hier ?
Elles se fixent, cherchent la vérité dans le regard de l'autre.
– Si, bien sûr que si. Je suis partie il y a huit jours.
– Ah non, maman. Hier, on était ensemble, à la boutique, à Beaubourg. Tu n'étais pas en Égypte.
– Mais si. C'est toi qui confonds. Hier, j'étais dans l'avion qui me ramenait ici.
Maele soupire. Elle ne comprend rien. Sa mère continue son délire.
– Si, elle est venue. Elle était là, à ta place. Et Cyrille, assis sur le lit avec Néfi sur les genoux.
– Néfi ? Sur ses genoux ? Bien sûr. Tu t'fous de moi, là ?
– Attends, il a oublié sa petite voiture.
Roseline fouille les draps et couvertures, soulève coussins et matelas à la recherche du jouet.
– Arrête, maman.
Mais elle n'arrête pas. Elle remue toute la chambre. Au passage, elle raconte comment Cyrille a chipé le jeton jaune. Heureusement qu'elle le récupérera ce soir au dîner. Ah oui, parce qu'ils vont dîner tous ensemble, avec Aurélien. Maele n'en peut plus. Elle craque.
– Tu n'as pas le droit ! Tu n'as pas le droit de me faire ça ! C'est quoi, ce délire de merde ? Quand on avance d'un pas, tu trouves le moyen de reculer de dix. Je te le répète, tu n'es pas partie en Égypte ! Sur quel ton je dois le pleurer pour que tu comprennes ? J'en ai marre, mais marre, à un point… T'as pas idée. Écoute, maman, écoute-moi bien : tu n'es jamais partie en Égypte.

Elle martèle les mots. De syllabe en syllabe, Roseline s'enfonce un peu plus dans le fauteuil. Quand le silence arrive, elle lève son visage en larmes.
– Pourquoi ? Pourquoi tu me fais ça ?
Maele sert sa mère contre elle. Doucement. Sous l'épaisseur du tissu, elle sent ses côtes saillantes soulevées par sa respiration et ses omoplates qui pointent comme des épines. Elle paraît si fragile. Maele caresse ses mains aux attaches trop fines et retient les cris de sa propre douleur.
– Parce que c'est la vérité.
Elle pose sa tête sur les genoux de Roseline.
– Ça ne peut plus continuer comme ça. Je ne tiendrai pas, maman.
Les sanglots se calment d'un coup. Roseline se lève et tire le bras de sa fille.
– Viens. Viens avec moi. J'ai la preuve de ce que je dis.
– La preuve ? C'est quoi, cette preuve ?
Viens, tu verras.
– Mais où ? On va où ?
– Pas loin, en bas. Allez, dépêche-toi !
Roseline piaffe devant la porte d'entrée entrouverte.
– Allez, allez. Pas la peine de mettre ton manteau.
– Et toi, tu gardes cette tenue ? Si tu veux lancer la mode du peignoir, t'es parfaite.
Si Maele se crispe, le rire de Roseline est entier.
– Mon Dieu ! Quelle idiote je suis. Je vais m'habiller.

*

Elle a enfilé un pull sur un jean et dégringole les escaliers,

Maele derrière elle. Elles traversent la cour, passent la porte de l'escalier A et stoppent devant la loge.
– Voilà.
– Voilà quoi ?
– Voilà. Tu sais, la nouvelle gardienne que vous attendiez tous, eh bien, c'est Leila. Voilà ma preuve.
Roseline est rayonnante. Sa pâleur a gagné des couleurs. Ses yeux ont perdu les cercles sombres qui les maquillaient. Plus d'obstacle, plus de mur dressé devant son horizon. Le soleil est rentré dans sa vie, Maele est bien obligée d'accepter cette vérité.
La jeune fille, elle, est anéantie. Sa mère débloque à plein régime. Comment la remettre sur les rails ? Comment lui faire admettre qu'il n'y a aucune Leila ? Et encore moins de Cyrille.
– Attends, maman, elle est pourrie, ta preuve. Personne n'habite là depuis des mois. Maman, il n'y a personne ici. Regarde, les rideaux sont toujours gris, toujours de guingois. Regarde la couche de poussière sur les meubles et la pancarte qui pendouille sur la poignée. Je t'assure qu'il n'y a personne.
Elle lui fait mal et elle le sait. Ça se voit dans le froid de ses yeux. Encore une fois, Roseline se cogne dans le mur. Comme le mime Marceau, elle plaque ses mains dans le vide, les coins de ses lèvres tombent de sa bouche muette. Maele prend peur. Elle caresse, tapote et claque les joues vidées de sang. Roseline capitule, ses bras retombent, ballants. Elle pousse un râle qui monte et rebondit dans la cage d'escalier, fait s'ouvrir les portes, s'interroger les gens. Qui peut crier ainsi ?
Aurélien se précipite. Il a reconnu la voix.

– Ça suffit, maman. J'en peux plus. Y'a pas que toi qui souffres. Parce que moi, moi aussi, j'ai mal. Et ma douleur à moi, j'en fais quoi ? J'me la garde en pleine gueule !
Maele ne sait plus. Où mettre cette douleur ? Dans sa poche, son mouchoir par-dessus ? Elle est bien trop grosse pour sa poche. Et puis, elle n'a pas de mouchoir. Alors, elle en fait quoi ? Et les larmes qui vont avec, sans mouchoir, elle en fait quoi, de ces larmes ? Elle les laisse couler en dedans ? Mais elles sont en train de la noyer de l'intérieur, et sa mère ne voit rien !
– Tu ne me vois pas et j'en crève. Je sais que tu y crois vraiment, à ton histoire. Mais tu as rêvé, maman. Il n'y a pas plus de Cyrille que de Leila. Mais moi, moi, je suis là.
Aurélien étreint Maele qui hoquette.
– Aurélien, dis-lui, dis-lui, toi, qu'il n'y a pas de gardienne.
– Bien sûr, y'a pas de gardienne, depuis des mois. Elle a raison, la petite. Mais restons pas là, venez à la maison. Les vieilles chouettes du troisième en ont assez entendu.
Roseline est sous le choc. Les mots de sa fille l'ont secouée. Le haut de la vague l'a portée si haut, que le bas est très bas. Elle doit trouver la force de remonter à la surface.
– Tu vas y arriver, Rosy ?
Elle hoche la tête en signe d'assentiment. Agrippée à la rampe d'un côté et soutenue par sa fille de l'autre, ça devrait être possible. Elle a le souffle si court que la montée se fait aussi péniblement qu'une ascension de haute montagne.
Aurélien panique un peu mais ne le montre pas. Ce n'est pas le moment. Lui n'a rien compris. Il rangeait tranquillement ses courses, quand le cri l'a cloué au sol. Le temps qu'il réalise, la boîte d'œufs était par terre et lui dans les escaliers.

Tout à l'heure, Maele était aux anges et, maintenant, elle est brisée. Un abcès vient d'être crevé qui demande des soins immédiats. Roseline le comprend-elle ? Aurélien s'interroge sur ce qui va se passer une fois sa porte fermée.

*

Ils montent sans dire un mot. Quelques minutes plus tard, Roseline s'assoit dans le canapé au velours râpé. Maele va aider Aurélien dans la cuisine. Les œufs se sont brouillés sur le carrelage en flaque visqueuse qui ne se laisse pas nettoyer. L'essuie-tout à la main, la jeune fille détaille le délire de sa mère. Et d'autres choses.

– Je me rappelle, quand j'avais huit ans, je réclamais papa. Elle ne savait pas comment me consoler, et puis elle m'a fait la promesse d'être toujours là pour moi. Et mon chagrin est parti. Je lui ai fait confiance, et elle, elle a trahi cette promesse. Elle n'a pas le droit.

– Comme la vie n'avait pas le droit de lui enlever son fils.

– C'est pas pareil. Aujourd'hui, elle ne me voit même plus. Seul compte Clément. À vivre avec un mort, elle n'aime que sa douleur.

Ils s'approchent, épaule contre épaule dans l'embrasure de la porte du salon. Roseline n'a pas bougé. Elle réfléchit. Elle n'a pas réfléchi comme ça depuis longtemps.

– Regarde, elle n'est pas là. Elle n'est plus avec nous.

– Si, laisse-lui le temps pour…

– Mais j'en ai marre de lui laisser du temps. Et moi ? Ça fait cinq ans que je lui en laisse, du temps. Je dois mourir pour qu'elle s'intéresse à moi ?

– Arrête de dire des bêtises. Je t'interdis…
– Tu n'as rien à m'interdire J'en ai marre d'être seule.
– Je suis là, moi.
– Mais c'est elle que je veux ! Pas toi !
Aurélien ne se formalise pas de ces paroles maladroites. Il sait. Il n'a aucun doute sur l'affection qu'elle lui porte.
– Va la voir. Dis-lui ce que tu as sur le cœur.
Maele hausse les épaules sans répondre. Sans bouger.
Roseline a tout entendu. Chaque mot de sa fille a fait son chemin dans son esprit qui en pèse chaque virgule. Maele a raison, elle vit avec un mort. Mais comment continuer sans lui ? Comment ne pas tomber quand on est amputé ? Comment lui faire comprendre que le deuil, c'est un tonneau des Danaïdes où l'on jette sa peine croyant s'en débarrasser, et qu'elle revient, sans prévenir, vous frapper par-derrière, par-devant, par-dedans. Que chaque coup reçu pulvérise le peu de volonté qui reste. Alors, on avance, lentement, de peur de se cogner. On marche au bord du gouffre, mais on ne saute pas et on ne sait pas pourquoi. On survit, toujours au bord des larmes, convaincu qu'un mal mystérieux vous condamne à une vie de souffrances. Comment lui dire que c'est ça, sa vie depuis cinq ans ? Dérives, remous et tourbillons encaissés sans même les voir. C'est tellement plus facile que l'affrontement. Et puis, il y a cette nuit, qui lui a fait toucher l'espoir. Cette nuit fabuleuse qui aurait pu tourner en tragédie. Roseline réalise que le courant de cette eau, qu'elle croyait confortable, ce liquide amniotique, l'emportait dans l'abîme d'une folie pas douce. Heureusement que Maele est intervenue. À coups de vérités bien ciblées, elle l'a réveillée. À coups de mots tendus comme une main secourable, elle

l'a sortie du marécage. L'utopie est moelleuse, mais elle n'est que fiction. Les chimères habitent des châteaux en Espagne et chevauchent des licornes. Les humains ne sont pas des phœnix. La réalité est tout autre et il est temps pour Roseline d'en caresser l'idée. Si le miracle rêvé n'existe pas, Maele, elle, existe. Elles partagent les mêmes peines, elles ont les mêmes blessures. Elle est son sang, son essentiel.

Il est l'heure de parler. Roseline a la crainte terrible de ne pas y arriver. Mais elle sait que c'est le moment, sinon, en aura-t-elle le courage ou la motivation, ou même l'envie, plus tard.

– Aurélien a raison, viens près de moi.

Maele traîne des pieds jusqu'au canapé. Elle s'assoit sur la pointe des fesses, garde la tête baissée.

Roseline tend la main, soulève le menton de sa fille et succombe à son regard perdu. Les coins de ses yeux gardent des traces de sel mal essuyées.

– Je comprends ta souffrance. Et toi, est-ce que tu peux comprendre la mienne ?

– Encore une fois, on revient à toi.

– Non, c'est pas ça. Je voulais... Je voudrais... As-tu seulement une vague idée du supplice, du déchirement qui me met en morceaux ? J'y ai cru, moi ! J'y ai vraiment cru à ce rêve ! Je me suis réveillée avec ce bonheur dans le cœur. L'espoir avait retrouvé ma trace. Et toi, tu arrives, tu entres et tu casses tout. Oh ! Sans le vouloir, bien sûr, ce n'est pas de ta faute, mais le résultat est là. Je suis revenue dans ma vraie vie. Une vie de merde, comme tu dis si bien. Ma vraie vie, sans cadeau.

– Sympa. Merci. Laisse tomber, va. C'est toujours la même chose. Ta douleur, ta douleur, on n'entend qu'elle depuis des années. Bien sûr, je la comprends. Je sais que tu as mal à en crever. C'est dur de vivre sans Clément. Ta douleur. Ma douleur. Quelle différence ? Les maux sont les mêmes. Alors moi, dans tout ça, je sers à quoi ? Je suis quoi ? Une erreur ? Le résultat d'un mauvais préservatif ?

– Tu n'as pas le droit de dire ça.

– Si, j'ai le droit. Parce que c'est ce que je ressens. C'est ce que tu me prouves chaque jour depuis cinq ans. Je n'ai aucune valeur à tes yeux. Du moins pas assez pour que tu veuilles te battre contre tes fantômes. Alors oui, j'en ai le droit.

Roseline est sous le choc. Il y a tant de colère. Tant de vérités.

– Pardonne-moi, mais tu te trompes. Tu es loin d'être une erreur, ou toute autre bêtise de ce genre. Tu mélanges tout et c'est de ma faute.

Roseline se tait. Elle ne sait plus quoi dire. Et puis :

– Écoute, Maele, je comprends que tu me détestes. Déteste-moi aussi longtemps que tu le veux, mais reviens-moi. Je serai là.

Les larmes coulent sans pudeur.

– Je ne te déteste pas. Et ce n'est pas une question de pardon.

– C'est quoi, alors ?

– J'attends depuis si longtemps. Tu me manques tellement. Tu m'as abandonnée, maman. Tu m'avais promis de ne jamais m'abandonner.

– Je sais. Et ça, je ne sais pas si je réussirai à me le pardonner.

– Mais pourquoi ? Pourquoi tu as lâché ma main ? Pourquoi, dès qu'on t'approche, tu t'écartes ? Pourquoi, dès qu'on te touche, tu piques ? Il n'y a pas que moi. Aurélien, c'est tout juste, et Patrick, tu l'as envoyé balader. Il était ce qui pouvait t'arriver de mieux.

– Je sais pas. La peur de trop aimer, celle de souffrir, probablement. J'ai perdu ton père et puis ton frère, pourtant, je les aimais. Ça n'a pas suffi à les garder en vie. Ils sont morts sans me dire au revoir. J'étais heureuse, je riais même, j'ignorais que la balance pouvait pencher de l'autre côté. Je n'ai rien vu venir, rien senti et je traîne cette culpabilité comme un boulet qui écrase l'espoir. Mon horizon, des murs. Mon quotidien, le noir. Je crois que j'ai abandonné l'idée même d'être heureuse. Jusqu'à cette nuit. Tu sais, ce n'était que du beau. Que du bon. C'était Clément qui revenait avec nous, nous offrant cet enfant. C'était mes épines qui tombaient et sa petite main dans la mienne. C'était le droit d'aimer sans retenue et sans crainte.

– Arrête ! Oublie ça. Tu as rêvé !

– Je sais. Et tu n'as pas idée comme ça fait mal. Ce rêve, j'en sors toute déglinguée. Quand j'ai compris l'erreur, j'ai cru basculer, que le sol n'arrêterait jamais de trembler sous mes pas, qu'il finirait par s'ouvrir et m'avaler. Et puis, tu m'as assommée de tes vérités. T'entendre m'appeler à l'aide, me supplier, a fait comme un électrochoc. Je crois que nous avons assez souffert. On va s'en sortir, ma puce. Ça va pas être facile, mais je veux reprendre contact avec la réalité. Et ma réalité, c'est toi.

Roseline se tourne vers Aurélien qui pleure tout seul sur le pas de sa cuisine.

– Et puis, on a Aurélien pour nous supporter. N'est-ce pas, Aurélien ?

– Ah, mes p'tites chéries, qu'est-ce que vous m'en faites voir, toutes les deux ! J'aurais mieux fait de m'casser une patte le jour où je t'ai rencontrée, Rosy. Tout ça pour un pot de crème fraîche.
Le vieil homme boitille jusqu'au divan et se serre entre elles.
– Depuis le temps que j'attendais de vous voir comme ça. Quel bonheur !
La mère et la fille se regardent et rient, presque en cachette. Elles ont le visage dégoulinant de mascara, les traits creusés et la mine décalée, plus quelques plaques rouges pour embellir le tout. L'expression même du bonheur !
– Y'a encore du boulot pour arranger ce visage, reconnaît Aurélien.
– Oui, y'a du boulot, répondent-elles en chœur.
– Et si on commençait par le commencement ? On se fait un vrai café accompagné de mes bonnes galettes et puis on va tous les trois au cimetière. On va tout raconter à Clément et lui dire au revoir. Vous êtes d'accord ?
La proposition d'Aurélien est acceptée. Les émotions, ça creuse aussi les estomacs. La collation calme les esprits. Chacun reste plongé dans ses pensées. Il faudra encore du temps pour se sentir libres ensemble. Roseline est la première à rompre ce silence.
– Je ne suis pas allée en Égypte, ça, je l'ai compris. Ce qui s'est passé entre ce départ farfelu et ce matin, tout ça, c'est faux, OK. J'ai vécu une nuit de rêve et je me suis réveillée au milieu de mes cauchemars. Je suis d'accord. Mais le cartouche égyptien, les tiges de papyrus sur la tombe, ils existent vraiment.
Aurélien et Maele n'osent pas se regarder. Si ça aussi venait

d'un rêve ? Cette idée les a traversés tous les deux, sans qu'ils n'aient eu besoin de se concerter.

– Je les ai vus. Et touchés. Vous me croyez, n'est-ce pas ?

Comment lui dire qu'un doute les taquine ? Et pas d'une façon agréable.

– Donc, la jeune femme inconnue existe aussi. C'est logique.

Comment parler de logique au vu des dernières heures passées ?

– On va voir, maman. On va voir.

– Et le jeton jaune. Tu l'as vu aussi ? Tu as vu qu'il avait disparu ce matin. Il est où, à ton avis ?

Roseline se heurte au regard fuyant de sa fille.

– Vous ne me croyez pas. C'est ça, hein ?

– Mais si, mais non, on n'sait pas, on n'sait plus.

Entre Maele et Aurélien, les mots s'emberlificotent, s'embarrassent et s'empêtrent.

– Taisez-vous. S'il vous plaît, ne dites rien de plus. Pas tout de suite.

Il n'y a qu'une solution.

– Il est l'heure de se préparer. Roseline, va t'habiller et te faire une beauté. Maele, tu peux profiter de ma salle de bains. Je vous veux toutes belles à mon bras.

– Regardez-moi ce coq !

– On se retrouve en bas dans une demi-heure.

Contrariée par la brise du matin, la température peine à se réchauffer. Coincés contre la porte cochère, Aurélien et Maele patientent à l'abri des courants d'air. Aurélien souffle dans son écharpe. Un nuage de vapeur brouille ses lunettes.

Maele tape des pieds par terre.
– Ça caille. Qu'est-ce qu'elle fout ?
De l'autre côté de la cour, la porte de l'escalier B claque derrière Roseline, le portable à l'oreille. Elle fait quelques pas, s'arrête dans une nappe de soleil et leur fait un signe, comme ça.
– À qui elle peut bien téléphoner ?
– Je n'sais pas. Elle dit rien.
Roseline attend la fin du message du répondeur pour laisser le sien.
– Allô, Patrick, c'est moi…
Elle a oublié que la cour propage à merveille les mots que l'on croit murmurés. Aurélien et Maele échangent un signe discret.

*

Ils ont cheminé au rythme du vieil homme. Bavardant, commentant la rue et ses girouettes. Riant des mêmes bêtises dites sous le manteau. De celles qui font obstacle aux vagues d'inquiétude et qui donnent ainsi le courage de marcher.
Ils sont entrés par la porte principale. Le gardien en képi les salue, comme s'ils étaient des habitués. Ils remontent l'avenue Principale et tournent à gauche dans l'allée Lenoir. Un peu plus loin, Aurélien marque un temps d'arrêt devant une sépulture toute simple.
Aimons-nous et dormons
Sans songer au reste du monde !
Ni le flot de la mer, ni l'ouragan des monts,
Tant que nous nous aimons

Ne courbera ta tête blonde,
Car l'amour est plus fort
Que les Dieux et la Mort!

– Pourquoi tu nous récites ce poème?

– Il est de Théodore de Banville. C'était un ami de Hugo, de Baudelaire et tous les autres. Ce grand romantique fut surnommé « le poète du bonheur ». Il est enterré ici. Mais si on est devant sa tombe, on n'est pas du bon côté. Faut repartir par là.

Il pointe son index dans la direction opposée. Roseline regarde et confirme.

– Je crois que tu as raison. Regardez là-bas, on aperçoit le centaure.

– Hop, demi-tour! À chacune son bras, mesdames.

Ils repartent accrochés les uns aux autres. Ils marchent dans le soleil et se font silencieux. Sans en avoir l'air, l'allure ralentit. Ils ne s'attardent pas auprès d'Eugène Ionesco.

Maele cache son trouble, les yeux dans le vide. De temps en temps, elle shoote dans un caillou, pour faire quelque chose. Roseline fixe l'horizon, les doigts de sa main gauche entrelacés à ceux d'Aurélien, ceux de sa main droite crispés sur le pendentif qui habille son cou.

Aurélien prie le ciel.

À quelques pas de la tombe de Clément, le trio s'arrête.

Le centaure les toise, outils plantés dans l'arrière-train, sans tiges de papyrus. Les signes extérieurs de sa virilité toujours intacts.

Et puis, ils se lancent. En harmonie parfaite, ils tournent la tête, regardent et voient. Il y a la pierre de granit gris bleuté, gravée d'une simple épitaphe, la croix de bronze, les rosiers

nus et la bruyère en fleurs. Appuyé contre la stèle, le pot verni est vide.
Dans le ciel, les nuages s'amoncellent. La fraîcheur gagne des degrés.
Roseline pousse un cri qui fait fuir les oiseaux. Quelques larmes coulent, presque des larmes de joie. La plaque de marbre noire avec ses trois symboles gravés, les mêmes que ceux de son pendentif, cette plaque est bien là. Elle n'a pas bougé.
– Dites-moi que vous la voyez, vous aussi. Dites-moi que je ne suis pas folle.
– Les hommes en blanc ne viendront pas tout de suite, ma p'tite maman.
– Moi aussi, je la vois, s'exclame Aurélien.
Roseline soupire. Tout n'est donc pas faux. Ce qu'elle a vécu cette nuit, elle ne sait pas trop ce que c'est. Une manière de s'arranger avec son chagrin. Une méthode pour contrôler la situation. De nouvelles armes pour ne plus avoir peur. Saura-t-elle jamais un jour ? Chacun se dépatouille comme il peut avec ses chaos.
Dans l'immédiat, elle a quelqu'un à rassurer. Elle doit reprendre son rôle. Elle est la mère, Maele est sa fille.
– Ma puce, nous allons guérir ensemble. On trébuchera, on tombera, mais on se relèvera. Parce que nous sommes deux. Il faut accepter ces rechutes, comme il faut apprivoiser nos craintes. Je sais maintenant que nous ne maîtrisons rien, c'est une certitude mais pas une fatalité. Tu m'as fait comprendre bien des choses tout à l'heure. Et tu m'as flanqué une belle frousse. J'ai entendu ce que tu m'as dit, ce que tu as dit à Aurélien. Je t'interdis de me faire ça. Je ne peux pas revenir ici pour enterrer ce que j'ai de meilleur. Je vais m'améliorer.

Quelquefois, on ne tient pas ses promesses. Je sais. Je ne peux plus te promettre d'être toujours là pour toi. Nous savons toutes les deux que ce serait un mensonge. Par contre, je te promets de tout tenter pour être heureuse et te rendre heureuse. Je veux avancer.
L'une comme l'autre captent une odeur. Celle qui court les champs et le long des ruisseaux. Qui vole son parfum aux fleurs, aux épices orientales et se niche dans les cous. Elle a le goût du sel, et puis celui du sucre. Et celui du savon qui a lavé sa peau. Elle a le poids d'une main qui caresse l'enfant, qui essuie la goutte qui glisse sur sa joue. Elle a assez de force pour dominer la peur. C'est ce qu'elles respirent, emboîtées l'une dans l'autre.
Aurélien se racle la gorge et se mouche bruyamment. Le bonheur retrouvé, c'est bien, mais il y a quand même cette plaque noire sur la pierre tombale.
– Qu'en penses-tu, Maele ? On doit la chercher ?
– Oui, j'en suis sûre. Ses liens avec Clément sont trop intimes. On ne peut pas l'ignorer. Mais on fera ça toutes les deux, ensemble. On pourrait aller en Égypte ?
Roseline la regarde. Comme elle aime son dynamisme, sa facilité à rebondir, à composer avec la vie. Comme elle l'aime.
– Et moi, alors ? Je resterai tout seul à Paris ? Comme un vieux couillon, à garder Néfi.
– Pourquoi ? Il faut bien quelqu'un pour Néfi ! sourit Maele.
– Allez, va, on te trouvera une place dans la soute, renchérit Roseline.
– Moquez-vous, moquez-vous, répond Aurélien.
La bonne humeur, si elle les soulage, ne fait pas oublier son objectif à Roseline.

– Avant de partir, il me reste quelque chose à faire ici.
Elle se tourne vers la tombe où reposent son fils et son mari. Elle s'accroche à la main de Maele et dit d'un seul trait :
– Clément, je n'ai pas su te dire au revoir. J'étais en colère. Je ne voulais pas accepter l'inacceptable. Il m'a fallu admettre cette vérité. Je t'en ai voulu, si fort. J'ai cru pouvoir t'oublier. J'ai essayé de te détester. Illusion. Ce que j'ai oublié, c'est de vivre. Ce que j'ai détesté, c'est moi. Je ne veux plus me demander ce qu'on ferait si tu étais encore là. Nous ne le saurons jamais. Pierre, ça vaut aussi pour toi. Je vous en veux à tous les deux. À un point, vous n'avez pas idée ! Vous n'aviez pas le droit de quitter la partie comme ça, en nous laissant les mains pleines de cartes et plus assez de joueurs. On avait commencé un poker à quatre, et maintenant, Maele et moi, on se perd dans une bataille. Vous avez baissé la garde et la mort s'est engouffrée dans cette brèche. Je vous en veux et je vous pardonne. J'ai perdu trop de temps pour y arriver. Nous nous reverrons, un jour ou une nuit. Je veux y croire. En attendant, mon amour, prends soin de notre fils. Notre fille et moi, on ouvre un jeu tout neuf, avec de nouvelles cartes.
Roseline regarde sa fille droit dans les yeux.
– Prendre la vie du bon côté, c'est un beau programme. Ça te va ?
– Vivre le présent, déjà pas mal, comme projet, non ?
– Allons-y.
Ils s'éloignent pour de bon, ne se retournent pas. Ils savent qu'ils reviendront.

À l'heure qu'il est, elles ont trouvé l'endroit et ont repris leurs rêves un jour déposés.

À l'heure qu'il est, le ciel s'ouvre sur le soleil qui s'étire et se promène dans tout le cimetière. Fait briller les gouttes de février, les graviers concassés, et, en toute discrétion, allume les coins d'ombre. Il révèle des trésors, dérobés aux regards, comme ce curieux objet. Dans l'herbe, au milieu des primevères, contre, tout contre la tombe de Clément, un petit rond de plastique jaune étincelle.

FSC
www.fsc.org
MIXTE
Papier issu de sources responsables
Paper from responsible sources
FSC® C105338

DÉPÔT LÉGAL : MARS 2013

IMPRIMÉ PAR BOOKS ON DEMAND GMBH,
NORDERSTEDT, ALLEMAGNE